Für Lisa Davidson Campolo

eine sehr gute Rechtsanwältin,
ein heller Kopf
und vor allem meine Tochter

INHALT

EINLEITUNG

In meiner Zeit als Gemeindepastor war ich ziemlich vorsichtig mit meinen Predigtthemen. Ich versuchte, auch über schwierige Dinge zu sprechen, die die Menschen hören sollten, aber ich bin mir nicht so sicher, ob mir das gelungen ist. Ein Gemeindepastor muß dafür sorgen, daß er keine Gemeindeglieder verliert. Wenn er zu viel über kontrovers diskutierte Themen predigt, bekommt er Schwierigkeiten. Folglich gibt es einiges, was ich meinem Empfinden nach eigentlich hätte sagen müssen, aber nicht gesagt habe. Genauso gibt es eine Reihe von Dingen, die ich gesagt habe, von denen ich mir heute wünsche, ich hätte sie nicht gesagt.

Jahre sind seither vergangen, und ich bin mutiger geworden. Vielleicht liegt das daran, daß ich kein Gemeindepastor mehr bin und nicht mehr jeden Sonntagmorgen vor meiner Gemeinde predigen muß. Vielleicht bin ich auch ein bißchen mutiger geworden, weil ich die Fünfzig überschritten habe und es mich nicht mehr so übermäßig interessiert, auf der Karriereleiter weiter nach oben zu steigen. Aber vielleicht liegt es auch schlicht und einfach an der Erkenntnis, daß ein ehrlicher Prediger nichts zurückhält, sondern das predigt, was Gott ihm aufs Herz legt.

Davon abgesehen habe ich das Gefühl, es ist an der Zeit, Mut zu zeigen und auszusprechen, was ich bisher in meinen inneren Schubladen versteckt gehalten habe. Es ist an der Zeit, über eine ganze Reihe wichtiger Themen zu sprechen, die ich vielleicht schon längst hätte anpacken sollen.

Dieses Buch umfaßt eine große thematische Bandbreite. Ich hoffe, ich spreche Themen an, die für Sie von entscheidendem Interesse sind. Mir ist durchaus bewußt, daß viele dieser Themen kontrovers diskutiert werden. Aber ich schreibe nicht darüber, weil ich Kontroversen liebe oder weil ich Leute verärgern wollte. Ich wollte ganz einfach einige sehr wesentliche Themen behandeln, über die selten von der Kanzel gepredigt wird. Ich wollte über so sensible Themen wie Scheidung sprechen. Ich wollte meine Gedanken weitergeben zu schwierigen Themen wie die Einstellung zu Aidskranken. Ich wollte mich endlich einmal deutlich auslassen über ein paar meiner liebsten Ärgernisse wie die Jagd oder überteuerte Beerdigungen. Außerdem wollte ich Eltern ansprechen, die sich große Sorgen um ihre erwachsenen Kinder machen, weil sie so ein chaotisches Leben führen.

Dabei habe ich mich einerseits bemüht, so nah wie möglich an den Aussagen der Bibel zu bleiben. Andererseits wollte ich aber auch so nah wie möglich bei den Leuten sein, mich in die Betroffenen einfühlen. Ich habe das alles in der Hoffnung geschrieben, so vielen wie möglich zu helfen und so wenige wie möglich zu brüskieren. Meine schlimmste Befürchtung ist, daß ich zum unguten Schluß nur wenigen helfe, dafür aber viele brüskiere. Aber selbst wenn letzteres der Fall wäre, halte ich es für richtig, dieses Buch geschrieben zu haben. Die verärgerten Leser werden irgendwann über ihren Ärger hinwegkommen und vielleicht am Ende nicht mehr ganz so gut über mich denken. Ich glaube allerdings, daß ihr Unmut über mich und ihr Mißfallen an meinen Gedanken ein geringer Preis dafür ist, wenn ich auch nur einigen wenigen mit meinen Aussagen helfen kann.

Eigentlich ist es meiner Frau zu verdanken, daß es dieses Buch überhaupt gibt. Sie hat den Inhalt kritisch begleitet und dafür gesorgt, daß ich ehrlich geblieben bin und gesagt habe, was ich wirklich meine. Ihr Name ist Peggy, und ich liebe sie sehr.

1. Wie reagieren wir auf Aids?

Vor ein paar Jahren war ich als Mitarbeiter bei einer Evangelisation in Sakramento in Kalifornien eingeladen. Für mich war das eine ganz wunderbare Erfahrung. Es sollten vier Abendveranstaltungen in der Arco Arena stattfinden. Für die Organisation war dasselbe Team zuständig wie bei einer wenige Jahre zuvor veranstalteten und sehr erfolgreichen Evangelisation von Billy Graham. Das Team tat alles, was zu einer optimalen Vorbereitung gehört. Für einen Soziologieprofessor wie mich, der an einem kleinen College lehrt, war das eine ziemlich berauschende Angelegenheit.

Der erste Abend der Evangelisation war klasse. Die Arco Arena war voll. Die Musik war perfekt, und das Programm lief ohne die kleinste Panne ab. Auf die Einladung nach der Predigt, »sich für Jesus zu entscheiden«, war der Zulauf groß.

Am nächsten Morgen kam das Organisationsteam zur Manöverkritik zusammen. Es wurde die Frage gestellt, ob noch irgend etwas geändert werden solle. Alle äußerten sich ziemlich begeistert über die Veranstaltung, außer dem Verantwortlichen für Öffentlichkeitsarbeit. Er war ziemlich niedergeschlagen, weil die Veranstaltung weder in der Presse noch in Funk und Fernsehen, ja nicht einmal im Lokalfernsehen beachtet, geschweige denn ausführlich behandelt worden war. Seiner Meinung nach waren die Veranstaltungen so angelegt, daß sie Medienaufmerksamkeit verdient hatten, immerhin waren 10.000 Besucher gekommen.

Ich versuchte, ihn mit dem Hinweis aufzumuntern, daß es für Nachrichtenleute noch keine große Sache sei, wenn man es schaffe, ein Stadion vollzubekommen. Schließlich sei die Arco Arena mehrmals in der Woche ausverkauft – das Stadion wird regelmäßig für große Rockkonzerte und Profi-Basketballspiele genutzt. Es sei bestimmt kein Vorurteil gegen Religion, das zu dem offensichtlichen Desinteresse der Medien geführt hätte, erklärte ich. Der Grund sei wahrscheinlich eher, daß es nicht von großem öffentlichen Interesse sei, wenn die Arco Arena bei einer religiösen Veranstaltung voll sei. Und dann fügte ich in einer Art Eingebung hinzu: »Wenn ihr wirklich die Medien herbekommen wollt, dann kann ich euch sagen, wie das geht. Aber dann müssen wir schon ein bißchen mehr bieten als ein Stadion voller choräleschmetternder Menschen.« Das Organisationsteam war ganz Ohr.

»Wir könnten beispielsweise morgen abend zu einer Kollekte für Aidskranke in Sakramento aufrufen. Die Kranken können wirklich jede erdenkliche Hilfe gebrauchen. Wenn sich ein paar Evangelikale liebevoll um Aidskranke kümmern, von denen die meisten homosexuell sind, dann ist das eine Nachricht wert.«

Das Organisationsteam kaufte mir das ab. Die Unkosten für die gesamte Evangelisation waren bereits gedeckt, so daß man es sich leisten konnte, großzügig zu sein. Außerdem gefiel ihnen die Idee. Die Evangelisation fand zur selben Zeit statt wie die erste Internationale Aids-Konferenz, folglich war Aids für die Presse ein »heißes« Thema. Wir informierten also die verschiedenen Zeitungen und Fernsehstationen, was mit der Kollekte des Abends geschehen sollte, und dann warteten wir alle gespannt auf die Reaktionen.

Als ich am Abend ins Stadion kam, hatten sich meine Erwartungen mehr als erfüllt. Außer Reportern von den Lokalzeitungen und -sendern waren Kamerateams aller drei großen überregionalen Fernsehgesellschaften gekommen. Diese Medienleute rührten sich während des gesamten Gottesdienstes nicht. Keine einzige Kamera lief. Sie ließen sogar die Predigt über sich ergehen. Erst als die Kollekte eingesammelt wurde, kam Leben in die Medienleute. Als die Leute anfingen, ihre Spende für Aidskranke auf die Spendenteller zu legen, setzten sich die Kameras in Bewegung. Die Fernsehstationen wollten sich nicht den Anblick von Christen entgehen lassen, die kranken Homosexuellen helfen wollten.

Die Medienvertreter blieben noch bis zum Ende der Veranstaltung, um Besucher zu interviewen. Sie wollten Reaktionen des überwiegend evangelikalen Publikums einfangen. Als ich die Ergebnisse dieser Interviews in den Spätnachrichten verfolgte, wurde ich hellwach. Das Ergebnis hätte nicht besser ausfallen können.

Als erstes wurde ein sehr, sehr dicker Mann mit T-Shirt befragt. Sein Bauch wölbte sich hervor wie bei den biertrinkenden Zuschauern auf einer Catch-Veranstaltung. Er hatte eine Tätowierung auf dem Arm, was ihm erst recht die richtige stiernackige Aura verpaßte. Als er darauf angesprochen wurde, was er denn vom Verwendungszweck für seine Spende halte, antwortete der Mann in fast angriffslustigem Ton: »Wovon reden Se denn eigentlich?«

Der Reporter ließ nicht locker: »Die Kollekte ist doch für Aidskranke, und die sind meistens homosexuell. Sind Sie denn für Homosexualität?«

Die Antwort des Mannes war einfach klasse: »Ich hab' von diesem ganzen Homo-Kram keine Ahnung«, sagte er, »ich weiß nur, daß Christen helfen sollen, wenn Menschen krank sind.« Er hätte nicht besser ausdrücken können, worum es beim Christsein eigentlich geht. Keine frommen Klischees wie beispielsweise »die Sünde hassen, aber den Sünder lieben« (das hätte ich wahrscheinlich gesagt). Nein, er sagte klipp und klar, wie Christen sich verhalten sollen, wenn sie wirklich Jesus Christus nachfolgen wollen.

Die zweite Person, die befragt wurde, war schon etwas älter und sah aus, als gehörte sie zu den verkniffenen »Superfrommen«. Ich dachte bei mir: So, jetzt geht's los. Jetzt bekommen die genau die Art von frommer Verdammung, die die Welt von uns erwartet.

Ich lag falsch! Ich konnte es nicht richtig erkennen, aber mir schien, daß der Frau Tränen in den Augen standen, während sie sprach. Ihre Stimme war ein bißchen zittrig, und sie mußte sich zweimal unterbrechen, um sich wieder zu fassen. »Heute kann ich zum ersten Mal offen sagen, daß mein Enkel an Aids gestorben ist. Ich hatte immer das Gefühl, meine christlichen Freunde würden auf mich herabblicken und meinen Enkel verachten, wenn sie es wüßten. Heute abend hatte ich das Gefühl, daß sie sich für ihn interessieren.« Nichts von dem, was ich an diesem Abend gepredigt hatte, war so klar wie das, was diese Frau deutlich machte: wie Liebe Christi in einer gefallenen Welt konkret aussieht.

Viele Evangelikale reagieren in einer Weise auf Aids, durch die die Gemeinde Jesu entehrt wird. Es gibt sogar bekannte Prediger, die erklären, daß Aids eine spezielle Strafe Gottes für Homosexuelle ist. Und manche evangelikale Autoren haben furchterregende Bücher geschrieben, in denen die tatsächliche Situation und die Fakten verzerrt dargestellt werden. Religiöse Demagogen fordern, alle Aidskranken unter Quarantäne zu stellen, obwohl es hinreichend Beweise dafür gibt, daß sie für niemanden eine gesundheitliche Gefahr darstellen, es sei denn, es kommt zum Austausch von Körperflüssigkeit. Aufgrund solch übersteigerter Reaktionen haben Aidskranke im allgemeinen den Eindruck, daß sie von den christlichen Gemeinden gehaßt und verachtet werden.

Der Gedanke, daß Aids eine Art Sonderstrafe Gottes für Homosexuelle ist, ist nicht nur absurd, sondern entehrt Gott. Gott läßt alle Krankheiten und den Tod zu als Folge des Sündenfalls im Garten Eden. Wenn man nun behauptet, Aids sei eine spezielle Krankheit, die von Gott geschaffen wurde, um damit Homosexuelle zu quälen, legt dies nahe, daß Gott mit den Homosexuellen ein ganz besonderes Hühnchen zu rupfen habe. Wir sind jedoch alle Sünder. Und ich kann mir nicht vorstellen, warum Ehebruch weniger eine Sünde sein sollte als praktizierte Homosexualität. Mir fällt es schwer zu glauben, daß es vor Gott ein weniger ernstes Vergehen ist, sich durch einen Lebensstil der Prasserei von verhungernden Kindern abzuwenden, als sich als homosexuelles Paar zu »outen«.

Wenn Gott eine besondere Krankheit geschickt hätte, um die in seinen Augen besonders schlimmen Sünder unter uns bis zu ihrem Tod an ein Krankenhausbett zu fesseln, dann lägen wir wahrscheinlich alle im Krankenhaus. Wer behauptet, daß Homosexuelle irgendwie schlechter seien als andere, der macht sich selbst etwas vor. Die sexuelle Untreue, durch die heute unzählige Ehen auseinandergehen und Millionen von Kindern traumatisiert werden, kann nicht besser sein als das, was Homosexuelle miteinander tun. Sünde ist Sünde. Ich kann mir nicht vorstellen, daß Homosexuelle »Bundesliga-Sünder« sind und deshalb auch eine »Bundesliga-Krankheit« verdienen. Auf der anderen Seite soll allen anderen eine gute Gesundheit zustehen, weil sie »nur« »Regionalliga-Sünder« sind und deshalb eigentlich doch gar nicht so schlecht!

Gott hat das Böse nicht erfunden: »Niemand sage, wenn er versucht wird, daß er von Gott versucht werde. Denn Gott kann nicht versucht werden zum Bösen, und er selbst versucht niemand« (Jakobus 1,13).

»Denn Gott ist nicht ein Gott der Unordnung, sondern ein Gott des Friedens« (1. Korinther 14,33).

Er weint über Krankheit und Tod, und er hat seinen Sohn gesandt, um beides zu besiegen. Er will, daß die Folgen von Adams und Evas Sündenfall getilgt werden:

»Denn wie sie in Adam alle sterben, so werden sie in Christus alle lebendig gemacht werden« (1. Korinther 15,22).

Wenn man Gott als eine bösartige Macht darstellt, dann wird dadurch seine Güte in den Augen vieler heruntergespielt, und er wird zu etwas gemacht, was er nicht ist.

Wenn man überhaupt einen Vergleich anstellen will, dann kann man Aids noch am ehesten als die moderne Entsprechung der Lepra von früher sehen, wie sie in der Bibel beschrieben wird. Im Neuen Testament wurden Menschen, die Lepra hatten, ganz ähnlich betrachtet wie heute Aidskranke von manchen gläubigen Menschen. Damals war man der Überzeugung, daß Menschen, die Lepra hatten, für bestimmte Sünden ihrer Vorfahren bestraft wurden. Von Leprakranken hielt man sich fern, weil man glaubte, daß man auf geheimnisvolle Weise vom Bösen angesteckt würde, selbst wenn nur der Schatten eines solchen Kranken auf einen fiel. Und ganz bestimmt berührte niemand einen Leprakranken. Leprakranke mußten immer eine Glocke bei sich tragen, die ständig klingeln mußte. Dabei mußten sie außerdem noch ununterbrochen rufen: »Unrein! Unrein!«

Alles, was damals über Leprakranke gesagt wurde, kann heute über Aidskranke gedacht werden. Auch sie werden im Unterschied zu anderen Kranken auf eine bestimmte Art für »unrein« gehalten. Auch sie sind »Unberührbare«, die in manchen Fällen sogar von Ärzten und Schwestern abgewiesen werden, obwohl es doch deren Aufgabe ist, sie zu versorgen. Wie die Leprakranken im Altertum behandelt man die Aidskranken heute so, als hätten sie es in besonderem Maße verdient, aus der sogenannten anständigen Gesellschaft ausgeschlossen zu werden.

Vor zweitausend Jahren, als Jesus auf der Erde lebte, ging er auf Leprakranke zu und sprach sie an. Er berührte die Unberührbaren. Er zeigte gerade denen sein besonderes Mitgefühl, die von den Menschen in ihrer Umgebung so grausam ausgegrenzt wurden. Daß er denen liebevoll die Hände auflegte, die von der Gesellschaft als unrein abgeurteilt waren, sollte Christen ein Beispiel sein.

Es gibt ein paar bemerkenswerte Beispiele von Christen, die die Herausforderung Aids angenommen haben. In San

Diego hat eine tolle Christin Leute aus ihrer Gemeinde zusammengetrommelt, um ein Hospiz für sterbende Aidskranke einzurichten. Sie hat gemerkt, daß Aidskranke besonders viel Liebe und Fürsorge brauchen und daß es gerade daran immer wieder hapert. Sie hat sowohl die nötigen Mittel als auch die Mitarbeiter für einen Ort zusammengebracht, wo Aidspatienten ihre letzten Tage in einem Umfeld christlicher Liebe verbringen können. Gibt es ein besseres Zeugnis für Jesus Christus, als die »Unberührbaren« zu berühren und sich um die zu kümmern, die von der Welt zurückgewiesen und abgelehnt werden? Gibt es eine bessere Chance, von Gottes Erlösungstat durch Jesus Christus zu erzählen, als wie ein barmherziger Samariter zu handeln? Ich glaube, daß Aids für Christen auch eine einzigartige Chance darstellt. Wir behaupten dauernd, daß wir die »Sünde hassen, aber den Sünder lieben«. Hier haben wir die Chance, zu zeigen, daß wir die Sünder lieben. Indem wir Hospize einrichten und den Tausenden dienen, die an den Folgen dieser Krankheit noch sterben werden, zeigen wir, daß wir nicht nur mit Worten, sondern auch mit Taten lieben. Und genau das ist es ja, was wahre Liebe immer ausmacht.

Was meine Freundin für Aidskranke in San Diego tut, sollte für Gemeinden auf der ganzen Welt selbstverständlich sein. Es ist unsere Chance, etwas zu tun, wozu nur wenige bereit sind, nämlich Menschen zu berühren, die sonst kaum einer zu berühren wagt. Ich hoffe, daß wir Menschen aus christlichen Gemeinden sehen werden, die genausoviel Liebe für Aidskranke zeigen wie die Schauspielerin Liz Taylor, die unermüdlich für diese Menschen tätig ist. Ich hoffe nicht, daß wir in guten Werken für Aidskranke von Rockstars bei Benefizkonzerten übertrumpft werden. Ich hoffe, daß wir die Chance dieses Augenblicks in der Geschichte ergreifen, um im Namen Jesu etwas Großartiges für Aidskranke zu tun.

Hospize einzurichten, in denen Aidskranke in einem Umfeld christlicher Liebe sterben können, statt in der furchtbaren Einsamkeit, die normalerweise in ihren letzten Lebenswochen und -tagen ihr Schicksal ist, kann ein aufsehenerregendes Zeichen christlicher Fürsorge sein. Aidspatienten berichten immer wieder, daß sie nicht vor dem Sterben am meisten Angst haben, sondern davor, allein zu sterben. Andere Menschen haben Angst davor, bei ihnen zu sein. Wenn Christen sich entschließen, Aidskranke zu begleiten, kann das ein deutlicher Hinweis auf Gottes vollkommene Liebe sein. Denn die verscheucht die Furcht:

». . . sondern die vollkommene Liebe treibt die Furcht aus; denn die Furcht rechnet mit Strafe. Wer sich aber fürchtet, der ist nicht vollkommen in der Liebe« (1. Johannes 4,18).

Weniger aufsehenerregend, aber nicht weniger wichtig als das Einrichten von Hospizen ist es, objektiv über Aids zu informieren. Der Chirurg C. Everett Koop ist ein sehr engagierter evangelikaler Christ, auf dessen Wort Verlaß ist. Auf einem Flugblatt, das an jeden Haushalt in den USA ging, standen folgende Fakten:

»Aids wird in erster Linie durch homosexuellen und heterosexuellen Geschlechtsverkehr übertragen. Bloßer Kontakt oder Umgang mit Aidskranken schafft nicht die nötigen Voraussetzungen, um sich mit dieser Krankheit zu infizieren. Die Krankheit kann nur übertragen werden, wenn der Virus direkt in die Blutbahn gelangt. Es ist völlig gefahrlos, einen Aidskranken zu berühren. Zur Gewährleistung der öffentlichen Sicherheit ist es nicht nötig, aidskranke Menschen unter Quarantäne zu stellen oder sie auf sonst eine unsoziale Art und Weise zu behandeln.«

An manchen Orten führte die Angst vor Aidskranken zu beinahe panischen Zuständen. Geschichten von bluterkranken Kindern, die sich durch Bluttransfusionen mit dem Aids-Virus infiziert haben und deshalb keine öffentliche Schule mehr besuchen dürfen, sind scheinbar nichts Ungewöhnliches mehr. Arbeiter fordern, aidsinfizierte Kollegen zu entlassen. Christen müssen gegen eine solche Form der Hysterie vorgehen.

Eine Baptistengemeinde in San Francisco machte kürzlich eine mutige Aussage zum Thema Aids. Ein Elternpaar trat an die Leiter der Ganztagsschule der Gemeinde mit der Frage heran, ob ihr aidsinfiziertes Kind als Schüler angenommen werden könnte. Es bestand durchaus die Möglichkeit, daß die Eltern anderer Kinder in der Schule darauf negativ reagieren würden und nicht nur ihre Kinder von der Schule nehmen, sondern auch aus der Gemeinde austreten würden.

Die Gemeindeleitung nahm das infizierte Kind trotzdem auf. Dadurch stellte sie sich ganz klar gegen die Ängste, die in evangelikalen Kreisen viel zu oft propagiert werden. Ich wünschte, daß mehr Gemeinden so mutig wären, wenn es um die Sache der Gerechtigkeit geht. Wäre es nicht wundervoll, wenn alle christlichen Schulen aidsinfizierte Kinder aufnähmen, sobald die Eltern die Forderung stellen, solche Kinder nicht auf staatliche Schulen zu lassen oder infizierte Kinder, die bereits die Schule besuchen, vom Unterricht auszuschließen? Das wäre eine großartige Rechtfertigung für die Existenz und die Neugründung christlicher Schulen!

Wenn wir Liebe praktizieren, indem wir aidsinfizierte Menschen annehmen und für sie sorgen, ist das ein Schritt dazu, von Homosexuellen angehört zu werden. Wenn wir es in dieser Krise nicht schaffen, das Richtige zu tun, können wir das vielleicht nicht wiedergutmachen.

2. Warum hacken so viele Menschen auf sich selbst herum? (Und was können sie dagegen tun?)

Ein Freund von mir hat eine hinreißende vierjährige Tochter. Sie ist klug und äußerst gesprächig. Wenn es Probeaufnahmen für eine moderne Shirley-Temple-Version gäbe, dann würde sie meiner Meinung nach die Rolle bekommen, ohne einen Finger zu rühren.

Eines Nachts tobte ein furchtbares Gewitter. Blitze zuckten, gefolgt von ohrenbetäubenden Donnerschlägen – es war eines dieser Gewitter, bei denen es einem ein bißchen mulmig zumute ist. Mein Freund rannte nach oben ins Zimmer seiner Tochter, um nachzuschauen, ob sie Angst hatte, und ihr zu versichern, daß alles in Ordnung sei. Als er ihr Zimmer betrat, stand sie mit ausgebreiteten Armen auf der Fensterbank, das Gesicht an die Scheibe gepreßt. Als er rief: »Was machst du denn da?«, drehte sie sich um und vermeldete strahlend: »Ich glaube, Gott möchte gern ein Foto von mir machen.«

Warum nehmen sich eigentlich nicht alle Leute genauso wichtig – warum haben sie nicht ein so gutes Gefühl für sich selbst? Warum hacken so viele Menschen auf sich herum, und warum neigen manche sogar zum Selbsthaß?

Zwischen den realen Lebensumständen von Menschen, ihrer Leistung und ihrem Selbstbild scheint oft kein Zusammenhang zu bestehen. Ich kenne Leute, die ganz bestimmt gesellschaftlich erfolgreich sind, denn sie haben in ihrem Leben eine ganze Reihe notwendiger und lohnender Dinge getan, und trotzdem verachten sie sich selbst. Ich kenne aber auch andere, die gesellschaftlich gesehen so gut wie nichts erreicht haben, sich aber selbst für wertvoll halten.

Ein positives Selbstbild ist nicht nur für unser eigenes Wohlbefinden sehr wichtig, sondern auch für das Wohlbefinden aller, mit denen wir in unserem Alltag zu tun haben. Ich habe festgestellt, daß Menschen, die sich selbst mögen, auch alle anderen mögen, mit denen sie zu tun haben. Umgekehrt hacken diejenigen, die sich selbst nicht leiden können, auch dauernd auf ihren Mitmenschen herum.

Prüfen Sie diese These einmal anhand Ihrer eigenen Erfahrungen: Ist es nicht so, daß die Menschen aus Ihrem Bekanntenkreis, die immer nett und wohlmeinend sind, ein gutes Selbstwertgefühl besitzen? Und haben Sie nicht auch die Erfahrung gemacht, daß diejenigen, die sich anderen gegenüber gemein verhalten, sich auch selbst verachten?

Ein Teil unserer negativen Gefühle uns selbst gegenüber läßt sich auf das Bild zurückführen, daß andere unserer Meinung nach von uns haben, besonders die Menschen, die uns am wichtigsten sind. Ihr Mann bzw. Ihre Frau beispielsweise kann dafür sorgen, daß Sie sich ganz toll finden, aber er/sie kann ebensoschnell erreichen, daß Ihr Selbstwertgefühl gegen Null geht. Auch Eltern und enge Freunde können das fertigbringen. Ich mußte schon oft miterleben, wie Leute das Selbstwertgefühl von Menschen zerstörten, die sie sehr liebten.

Vor ein paar Monaten war ich Gastredner bei einem Evangelisations-Gottesdienst in unserer Stadt. Es waren Tausende von begeisterten Menschen da. Die Spannung und Erregung der Menge und das Wirken des Heiligen Geistes machten den Abend zu einem denkwürdigen und gesegneten Ereignis.

Als der Gottesdienst zu Ende war, zog mich ein Paar mittleren Alters auf die Seite, um mit mir zu reden. Oder vielleicht sollte ich besser sagen, die *Frau* zog mich zur Seite, um zu reden? Denn sie übernahm das Reden ganz allein. Sie überschüttete mich geradezu mit Komplimenten zu meinem

Vortrag, und dann bemerkte sie, daß es für meine Frau doch ganz besonders aufregend sein müsse, mit mir verheiratet zu sein. Bei all der Schmeichelei war mir schon etwas unbehaglich. Was mich dann aber wirklich ärgerte, war die kaum getarnte Aussage, die mitschwang, daß ihr Mann vergleichsweise langweilig sei. Indem sie mir schmeichelte, putzte sie gleichzeitig ihren Mann herunter. Am Ende ihres überschwenglichen Lobes fragte ich mich nicht nur, was der Mann wohl mir gegenüber empfinden mochte, sondern auch, welche Gefühle er für sich selbst hegte.

Natürlich gibt es auch zahlreiche Arten, wie Männer ihre Frauen kleinmachen. Eine der übelsten Nebenwirkungen von Soft-Porno-Magazinen wie *Playboy* besteht darin, daß die Frauen von Männern, die solche Magazine kaufen, den Eindruck vermittelt bekommen, sie seien vergleichsweise minderwertig und ihre Männer fänden sie nicht mehr attraktiv. Besonders Frauen in den mittleren Jahren sind anfällig für dieses Gefühl der Selbstverachtung, was ihr Äußeres betrifft. Gerade unsere westliche Kultur definiert Schönheit auf sexistische Weise und von einem Jugendlichkeitswahn her.

Ich bin hin und wieder Berater eines Freundes, der eine Firma namens »Value of the Person« betreibt. Diese Firma berät Industrieunternehmen, die christliche Grundsätze am Arbeitsplatz anwenden wollen. Sie hat festgestellt, daß Arbeiter am häufigsten darüber klagen, vom Vorarbeiter heruntergeputzt oder angeschrien zu werden. Die meisten Vorgesetzten haben offenbar Angst davor, Arbeitern Bestätigung zu geben und ihnen das Gefühl zu vermitteln, wichtig und etwas Besonderes zu sein. Demnach wollen die meisten Chefs ihren Arbeitern vermitteln, daß sie lieber parieren sollen und Anordnungen befolgen, weil sie schließlich ohne weiteres zu ersetzen seien.

Mein Freund ist überzeugt, daß Arbeiter meistens Gewerkschaftsführer wollen, die dem Management gegenüber hart und fordernd auftreten, weil ihnen so oft das Gefühl vermittelt wird, bedeutungslos zu sein. Ohne eigenes Selbstwertgefühl können Arbeiter ihren Wert nur daran messen, wieviel sie verdienen können und wie viele Sozialleistungen in den Tarifverträgen festgeschrieben sind.

Fehlende Bestätigung ist nach der Ansicht meines Freundes der Grund, weshalb die meisten Beziehungen zwischen Arbeitern und Management kaputtgehen. Arbeiter, die von ihren Arbeitgebern oder Vorarbeitern regelmäßig kleingemacht werden, benutzen Gewerkschaftsverhandlungen als Gelegenheit, dem Management klarzumachen, daß sie Menschen sind und keine Gegenstände, die man ganz nach Belieben wie Maschinen herumschieben kann. Sie benutzen das einzige Mittel, das sie zur Verfügung haben, um zu zeigen, daß sie als Personen einen Wert haben.

Bei Seminaren dieses »Value-of-the-Person«-Instituts sagen alle, wie sie sich selbst und die anderen jeweils empfinden. Ich werde nie vergessen, wie bei einer dieser Zusammenkünfte ein riesiger bulliger Stahlarbeiter zusammenbrach und weinte. Der Anblick dieses Hünen, der am ganzen Körper zitternd auf den Boden starrte und sich immer wieder die Tränen von den Wangen abwischen mußte, hat sich unauslöschlich in meine Erinnerung eingegraben. Ich höre immer noch, wie er sagte: »Ihr da oben im Management gebt mir immer das Gefühl, ich wäre ein Stück Sch. . .!« Solche Wörter gehören zwar bei uns proppperen Bürotypen nicht unbedingt zum Umgangsvokabular, aber viele von uns können sich genau in die Gefühle dieses Stahlarbeiters hineinversetzen, weil wir bei unseren Arbeitsplätzen oft genauso empfinden.

Was uns andere auch immer angetan haben – viele empfinden auch Selbstverachtung aufgrund von Dingen, die sie sich selber antun. Wir müssen uns gar nicht von anderen herunterputzen und kleinmachen lassen, um ein schlechtes Gefühl uns selbst gegenüber zu haben. Die meisten von uns können sich prima selbst kleinmachen, ohne jegliche Hilfestellung von außen.

Manchmal machen wir uns sogar aus Glaubensgründen fertig. Zeitweise unterwerfen wir uns aus Glaubensgründen so übertriebener Selbstprüfung, daß es uns schlecht geht. Wenn wir viel Zeit darauf verwenden, wirklich ausnahmslos alle Sünden in unserem Leben aufzudecken, endet das garantiert mit Depressionen. Wenn wir uns zu sehr darauf konzentrieren, alles Böse auszumerzen, das in uns ist, dann finden wir bestimmt mehr, als wir verkraften können.

Ich will nicht sagen, daß wir über Sünde einfach hinweggehen sollen, aber wir sollen an den Punkt kommen, wo wir uns an der Gnade Gottes freuen. Als Jesus am Kreuz starb, hat er all unsere Sünde auf sich genommen, selbst die, die wir vergessen haben. Jesus hat am Kreuz all die Verdammnis erfahren, die nötig war für das, was wir sind und getan haben. Statt uns selbst zu verdammen, sollten wir uns in der guten Nachricht sonnen: »So gibt es nun keine Verdammnis für alle, die in Christus Jesus sind« (Römer 8,1). Wenn Jesus Christus uns von der Verdammnis erlöst hat, dann haben wir kein Recht, auf uns selbst herumzuhacken und uns selbst fertigzumachen. Weil wir unsere Sünden auf Jesus geworfen haben, sollten wir sie wirklich hinter uns lassen, vorwärts gehen und uns in positivem Licht sehen (Philipper 3,13-14).

Sigmund Freud hat einmal gesagt, daß die Kirche sich damit befasse, Menschen von Schuld zu befreien. Wenn aber die Menschen keine Schuld *empfänden,* mache die Kirche es zu ihrer Pflicht, Schuldgefühle entstehen zu lassen. Auf diese Weise könne die Kirche Menschen von etwas erlösen, das sie selbst erst als Gefühl bei den Menschen hervorgerufen habe.

Leider gelingt es der Kirche oft viel besser, Schuldgefühle zu erzeugen, als für den Glauben an die Erlösung von Schuld einzutreten. Ich glaube, daß Freud zum Teil recht hatte. Wir lassen uns viel zu oft von einer Art Christentum unterkriegen, das unser sündiges Wesen weit mehr betont als die Gnade Gottes. Wir müssen wissen: »Wo aber die Sünde mächtig geworden ist, da ist doch die Gnade noch viel mächtiger geworden« (Römer 5,20b).

Viele Leute kritisieren den bekannten Fernsehprediger Robert Schuller und behaupten, er weise nicht genügend darauf hin, daß wir alle Sünder sind. Tatsache ist, daß Schuller seine Zuhörer *sehr wohl* auf die Sünde hinweist, aber er hebt die Gnade Gottes sehr viel stärker hervor. Schuller hilft den Menschen, sich selbst gegenüber ein gutes Gefühl zu bekommen, indem er sie davon überzeugt, daß sie nicht wegen ihrer Sünden verdammt, sondern für all ihre wundervollen Möglichkeiten geliebt werden.

Ein bekannter Prediger aus der Gegend von Philadelphia hatte ein Verhältnis mit einer verheirateten Frau. Es folgte die Scheidung, und er durfte nicht mehr predigen. Als er die Scherben seines Lebens auflas, um sie irgendwie wieder zusammenzufügen, traf ich mich manchmal mit ihm, um zu erfahren, wie es ihm ging und ob ich ihm helfen konnte. Eines Tages fragte ich ihn, ob er schon eine neue Gemeinde gefunden hätte, wo er zum Gottesdienst gehen und geistlich weiterkommen könne. Er erzählte mir, daß er in keine Gemeinde mehr gehe, dafür aber regelmäßig die Fernsehgottesdienste von Robert Schuller ansehe. Darüber war ich sehr erstaunt, aber er fuhr fort: »Wenn ein Mensch das durchgemacht hat, was ich hinter mir habe, dann braucht man ihm nicht zu erzählen, daß er ein Sünder ist. Vielmehr hat er es nötig zu hören, was für große Möglichkeiten er durch die Gnade Gottes hat, und genau das sagt Schuller mir.«

Ich möchte hier nicht weiter auf Robert Schuller eingehen, aber ich glaube, daß er eine machtvolle psychologische und geistliche Wahrheit erkannt hat: Zuviel negative Innenschau mit der Absicht, zu geistlicher Perfektion zu gelangen, kann schrecklichen Schaden in uns anrichten! Wir müssen uns selber immer wieder in Erinnerung rufen, ebenso wie die Bibel uns daran erinnert, daß wir durch die Gnade Gottes ganz wunderbare Möglichkeiten haben:

»Wie viele ihn aber aufnahmen, denen gab er Macht, Gottes Kinder zu werden, denen, die an seinen Namen glauben« (Johannes 1,12).

»Meine Lieben, wir sind schon Gottes Kinder; es ist aber noch nicht offenbar geworden, was wir sein werden. Wir wissen aber: Wenn es offenbar wird, werden wir ihm gleich sein: denn wir werden ihn sehen, wie er ist« (1. Johannes 3,2).

Wir können uns auch schlecht behandeln, indem wir unseren Körper vernachlässigen. Es gibt einen engen Zusammenhang zwischen unserem körperlichen und unserem geistlichen und psychischen Wohlbefinden. Wenn wir ständig übernächtigt sind oder bis zur Erschöpfung arbeiten, dann stehen die Chancen auf depressive Stimmungen oder gar Selbsthaß nicht schlecht.

Ich persönlich bin anfällig für diese Art der Selbstmißhandlung. Manchmal übernehme ich mich, arbeite zu hart und versuche zu viel zu schaffen, oft bis zur körperlichen Erschöpfung. Schlimmer ist, daß ich viel Kaffee trinke und Schokoriegel esse, um wach und munter zu bleiben und um schnelle Energieschübe zu bekommen. Natürlich leistet das alles Übelkeit und depressiven Verstimmungen Vorschub. Am Ende fühle ich mich nicht nur körperlich schlecht, sondern ich halte mir auch noch selbst vor, wie schrecklich ich bin. Durch meine angegriffene Verfassung verhalte ich mich dann allen Menschen in meiner unmittelbaren Umgebung gegenüber ebenso hart. Selbstverachtung führt oft dazu, daß man auch die anderen verachtet.

Wenn Sie merken, daß Sie sich wirklich selbst fertigmachen, dann nehmen Sie Urlaub, ruhen Sie sich aus, überprüfen Sie Ihre Ernährung und stellen Sie sicher, daß Ihr Befinden nicht seine Ursache in Ihrer eigenen schlechten Behandlung hat. Sorgen Sie dafür, daß Sie Ihren Körper, der ja schließlich »ein Tempel Gottes ist«, mit liebevollem Respekt behandeln. Sie selbst und die Menschen um Sie herum müssen darunter leiden, wenn Sie es nicht tun.

Zur Selbstverachtung kann es auch kommen, wenn man Zeit vergeudet. Haben Sie schon mal einen freien Tag gehabt und ihn dann mit irgend etwas völlig Sinnlosem verplempert, wie stundenlangem Fernsehen oder Herumhängen? Können Sie sich noch daran erinnern, wie Sie sich am Ende dieses Tages gefühlt haben? - Wahrscheinlich waren Sie ein bißchen deprimiert, und außerdem haben Sie sich über sich selbst geärgert. Wenn Sie das ein paar Tage nacheinander so machen, dann endet das wahrscheinlich mit einer großen Portion Selbstverachtung.

Untätigkeit und Zeitvergeudung gehören zu den verheerenden Folgen, die es mit sich bringt, Sozialhilfeempfänger oder arbeitslos zu sein. Wenn man Woche für Woche nur untätig herumsitzt und nicht weiß, was man mit all der Zeit anfangen soll, dann haßt man am Ende wahrscheinlich sich selbst und alle anderen auch.

Es gibt eine Menge von Aktivitäten, die das Gefühl, nur Zeit totzuschlagen, vermindern. Das Einfachste ist, etwas Neues zu lernen. Wenn man einen Tag damit verbracht hat, sein Wissen zu erweitern oder zu vertiefen, dann hat man das Gefühl, etwas geschafft zu haben, und fühlt sich gut. Etwas Neues und Wichtiges für sich selbst zu lernen, ist eine Garantie, daß man sich gut fühlt. Viele Rentner beispielsweise überwinden das Gefühl, wert- und nutzlos zu sein, indem sie wieder studieren oder Kurse an Volkshochschulen belegen.

In der hebräischen Tradition galt es als Selbstzweck, die Tora zu studieren. Wer die Möglichkeit hatte zu lernen, was Gott selbst ihn lehren wollte, betrachtete sich als überaus glücklich. Diese alte hebräische Tradition läßt sich in vielem auf unser heutiges Leben übertragen. Wenn Sie sich nicht leiden können und dauernd auf sich selbst herumhacken, dann gehen Sie doch wieder zur Schule und lernen Sie Dinge, die Gott uns beibringen will. Vielleicht gibt es in Ihrer Nähe eine Bibelschule. Sie können aber auch Fernkurse belegen oder sich an der Volkshochschule an Kursen beteiligen, in denen es um Religion und Philosophie geht. Etwas über Gott zu erfahren, ist eine großartige Therapie für Menschen, die ihr Selbstwertgefühl stärken müssen. Dasselbe gilt für das Lernen über alles auf der Welt, was Gott uns gegeben hat. T.H. White schreibt dazu in seinem Buch *The Once And Future King* (Der König, der war, ist und sein wird):

»Das Beste, was man gegen Traurigkeit tun kann . . . ist etwas zu lernen. Das ist die einzige Methode, die nie versagt. Körperlich mögen Sie zwar alt und zittrig werden, Sie mögen nachts wach liegen und auf die Unregelmäßigkeiten in Ihren Venen lauschen, Sie mögen Ihre einzige große Liebe vermissen, Sie mögen ansehen müssen, wie die Welt von Wahnsinnigen verwüstet wird, oder Sie mögen wissen, daß auf Ihrer Ehre herumgetreten wird von kleingeistigen Leuten. Wenn dem so ist, dann gibt es nur eins - lernen. Lernen Sie, warum die Welt sich bewegt und was sie in Bewegung hält.« (New York 1966, S. 183)

Auch Gutes zu tun und anderen zu helfen, sind Methoden, mit dem Elend der Selbstverachtung fertig zu werden. Das Missionswerk »Evangelical Association for the Promotion of Education«, zu dessen Mitbegründern ich gehöre, bietet ein Programm für Stadtkinder mit Schulproblemen an. Um diesen Kindern zu helfen, organisiert das Werk eine Hausaufgabenbetreuung.

Als wir für diese Aufgabe zum ersten Mal Mitarbeiter suchten, fanden wir sechs gut ausgebildete Frauen, die Zeit hatten und auch bereit waren, uns zu helfen. Zwei von ihnen waren in psychotherapeutischer Behandlung, weil sie Selbstwertprobleme hatten. Diese beiden Frauen erlebten eine überraschende Verwandlung. Indem sie schwierigen Stadtkindern halfen, fanden sie auch selbst Hilfe. Indem sie den Kindern halfen, entdeckten sie ihren eigenen Wert. Indem sie etwas taten, das für andere wichtig war, bekamen sie das Gefühl, *selbst* wichtig zu sein. Eine der Frauen, die in psychotherapeutischer Behandlung gewesen war, bestätigte, daß die Arbeit mit den Kindern ihr mehr geholfen hätte als ihr Therapeut. Das, was sie für andere getan hatte, wurde zu ihrer psychischen Rettung. Ich glaube, daß Jesus an so etwas gedacht hat, als er sagte:

»Denn wer sein Leben erhalten will, der wird's verlieren; wer aber sein Leben verliert um meinetwillen, der wird's finden. Was hülfe es dem Menschen, wenn er die ganze Welt gewönne und nähme doch Schaden an seiner Seele? Oder was kann der Mensch geben, womit er seine Seele auslöse?« (Matthäus 16,25-26)

Ich kann es nie so recht verstehen, warum Menschen, die sich selbst schlechtmachen, nicht begreifen, wie einfach es ist, ein neues Gefühl für den eigenen Wert zu bekommen, indem sie anderen auf sinnvolle Weise helfen. Es gibt immer einsame Menschen, die besucht werden können, es gibt immer Evangelisationsarbeit mit Hausbesuchen, und es gibt so viele Kinder, die dringend liebevolle Aufmerksamkeit und Zuwendung brauchen. Ich weiß: Wenn niedergeschlagene Menschen sich selbst einmal vergessen (wie Jesus rät) und etwas von ihrer Zeit und Kraft anderen Menschen geben würden, von denen sie gebraucht werden, dann würden sie ihren eigenen Wert entdecken können.

Es gibt unzählige Möglichkeiten, in der Missionsarbeit aktiv zu werden, und zwar im zeitlichen Rahmen von einigen Wochen bis hin zu mehreren Jahren. Es gibt in Ländern auf der ganzen Welt offene Stellen für Menschen, die im Missionsdienst arbeiten wollen. Und noch eine letzte Sache, die

Ihnen helfen kann, wenn Sie schlecht über sich selbst denken: Versuchen Sie, Ihre Kindheitsträume wiederzuentdecken. Erinnern Sie sich an Ihre Träume aus Kindertagen, in denen Sie etwas ganz Wunderbares aus Ihrem Leben machten! Wir alle haben unerfüllte Träume. Jedem Menschen fällt bestimmt etwas Großartiges ein, das er eigentlich mit seinem Leben hätte tun wollen. Überdenken Sie noch einmal die Möglichkeiten, die Sie irgendwann verworfen haben. Werfen Sie einen zweiten Blick auf das, was hätte sein können. Der Traum, den Sie selbst einmal hatten, wurde Ihnen ja vielleicht auch von Gott gegeben.

Ich erlebe so oft, daß Leute sich selbst hassen, weil sie aus ihrem Leben nicht das gemacht haben, was sie sich erhofft hatten. Wer so etwas sagt, tadelt sich selber, weil er es nie ernsthaft versucht hat. Mein Rat an solche zaudernden Träumer: »Los! Versuch's doch einfach!« Es ist nie zu spät. Einer der Vorteile der hohen Lebenserwartung in der heutigen westlichen Welt besteht darin, daß man mehrere Berufe lernen und ausüben kann, bevor das Leben zu Ende ist. Wenn man das Geld für die Ausbildung der Kinder zusammen hat – warum sollte man dann nicht den Rest seines Lebens damit verbringen, den »unmöglichen« Traum zu erfüllen, den man insgeheim seit Jahren träumt?

Einmal predigte ich in einer Gemeinde über Abraham und biß mich so richtig an dem Thema Lebensträume fest. Abraham folgte im hohen Alter der Vision, die Gott ihm gegeben hatte. Das gesamte elfte Kapitel des Hebräerbriefes besteht ausschließlich aus einer Liste von Männern und Frauen, die alles riskierten (einschließlich der Möglichkeit, für verrückt gehalten zu werden), um etwas mit den Träumen anzufangen, die Gott ihnen ins Herz gelegt hatte. Glaube ist nichts anderes, als davon überzeugt zu sein, daß bei Gott wirklich nichts unmöglich ist – auch eine Laufbahn im Dienst für Jesus, wenn alle anderen von einem erwarten, daß man sich zur Ruhe setzt.

Als ich zu Ende geredet hatte, schien es mir, daß Gott einige Herzen angerührt hatte. Dieser Eindruck bestätigte sich, als ein Ehepaar mittleren Alters zu mir kam, um mit mir über sein Leben zu sprechen. Das Gespräch führte dazu, daß die beiden einige sehr wichtige Entscheidungen trafen. Heute gehört dieses Paar zu einem Missionsteam, das stark vernachlässigten Kindern in Amerika hilft, Jesus zu finden und ein besseres Leben zu führen. Ganz sicher haben dieser Mann und diese Frau ein großartiges Selbstwertgefühl.

Wenn Ihr Selbstwertgefühl lädiert ist: Warum versuchen Sie dann nicht einfach etwas Wagemutiges? Wenn Sie im Leben keine Risiken eingehen, dann riskieren Sie dadurch möglicherweise Ihr Leben. Als Helen Keller einmal gefragt wurde, ob sie sich etwas Schlimmeres vorstellen könne, als blind zu sein, antwortete sie: »Ja, sehen zu können, aber keine Vision zu haben.«

3. Als Mutter berufstätig ohne Schuldgefühle? (Und welche Rolle spielt der Vater dabei?)

Als Befürworter eines christlichen Feminismus müßte ich eigentlich vorbehaltlos »ja« antworten auf die Frage, ob Mütter von Vorschulkindern berufstätig sein können. Aber ich muß gestehen, daß ich *sehr wohl* Vorbehalte habe.

Es ist an der Zeit, daß diejenigen, die ein feministisches Wertsystem befürworten, einen etwas genaueren Blick darauf werfen, was mit den Kindern in unserem Land geschieht. Es ist an der Zeit, festzustellen, daß es meistens erhebliche Einschränkungen in der Karriere mit sich bringt, wenn man eine gute Mutter (ebenso wie ein guter Vater) sein will.

Die beruflichen Schwierigkeiten, die es mit sich bringt, Kinder zu haben, sind für beide Geschlechter schwerwiegend, aber Frauen sind davon besonders betroffen. In unserer Kultur wird immer noch automatisch erwartet, daß in erster Linie Frauen für die Versorgung und Erziehung der Kinder zuständig sind. Seit Menschengedenken besteht die Erwartung an die Frau, daß sie sich in erster Linie mit der Erziehung der Kinder beschäftigt. Natürlich wird es jetzt einige Personen geben, die diese Aussagen lesen und, wie es sich gehört, ausrufen: »Genau das ist es, was mit dieser Gesellschaft nicht stimmt! Warum erwartet man eigentlich von den Frauen, daß sie als ›Liebes-Maschinen‹ fungieren? Warum wird eigentlich immer nur von der Mutter erwartet, daß sie die emotionalen Bedürfnisse der Kinder befriedigt? Warum kann nicht auch der Vater - zumindest zeitweise - diese Rolle übernehmen?«

Und damit haben sie recht – bis zu einem gewissen Punkt! *Männer haben in der Tat* ihre Aufgabe vernachlässigt, sich an der Versorgung und Erziehung der Kinder nicht nur emotional, sondern auch tatkräftig zu beteiligen. Es wird allgemein eingestanden: Der Macho der Vergangenheit, der seine Verpflichtung, für die Kinder zu sorgen, mit der Bemerkung vom Tisch wischte, das sei »Frauensache«, hat einen Riesenfehler gemacht.

Ich persönlich wünsche oft, ich hätte mich mehr an der Erziehung unserer Kinder beteiligt, als sie noch klein waren. In einer weniger »aufgeklärten Zeit« Vater zu sein, hat mich zwar vor so unangenehmen Aufgaben wie Windeln wechseln verschont. Aber damit habe ich mich auch um die emotionale Befriedigung gebracht, die ich wohl bekommen hätte, wenn ich mich um die Bedürfnisse meiner Kinder gekümmert hätte. Heute bin ich richtiggehend neidisch, wenn ich »befreite« junge Väter sehe, denen es Freude macht, sich auf eine Weise um Kinder zu sorgen, wie es vor 30 Jahren noch völlig unüblich war. Inzwischen bieten neue Modelle für das Familienleben auch solchen Männern Alternativen, die an der Versorgung und Erziehung ihrer Kinder aktiv beteiligt sein wollen. Ich kenne einen jungen Mann, der sich begeistert die Versorgungs- und Erziehungsarbeit mit seiner Frau teilt. Sie hat einen Job, bei dem sie viel unterwegs ist, und wenn sie nicht zu Hause ist, übernimmt er die Verantwortung für die gesamte Hausarbeit und die Versorgung der beiden Kinder. Er ist Künstler, hat also flexible Arbeitszeiten und kann deshalb zu Hause sein, wenn er dort gebraucht wird.

Dieser Mann ist froh darüber, daß er zu Hause sein kann, wenn seine Kinder aus der Schule kommen. Er kann sich immer freimachen, wenn es besondere Veranstaltungen in der Schule gibt. Er kann mit seinen Kindern zum Zahnarzt gehen oder sie irgendwohin fahren, was bei Kindern aus den Vororten sehr oft nötig ist. Als die Kinder noch nicht zur Schule gingen, hat er sich die Hausarbeit mit seiner Frau geteilt. Weil sie wirklich gleichberechtigte Partner in der Familienarbeit waren, haben ihre Kinder tagtäglich genügend elterliche Fürsorge bekommen. Ihre Kinder wissen, daß immer mindestens ein Elternteil da ist, wenn sie ihn brauchen.

Aber diese Familie ist nicht typisch. Es gibt nicht gerade viele Väter mit Stellen, in denen sie sich die Arbeitszeit selbst einteilen können. Die meisten Ehemänner sind an Arbeitsplätzen, in denen es unerläßlich ist, frühmorgens anzufangen und um 17 Uhr nachmittags Feierabend zu machen (es sei denn, sie haben das zweifelhafte Vergnügen, leitende Angestellte zu werden - dann haben sie häufig erst zwei oder drei Stunden später Feierabend).

Die meisten Mütter, die sich für eine volle Berufstätigkeit entscheiden, haben normalerweise keine so flexiblen Arbeitszeiten, daß sie so viel Zeit intensiv mit ihren Kindern verbringen können, wie sie es wünschen oder wie es Kinder brauchen.

Falls beide Elternteile berufstätig sind, ist oft *keiner* von beiden zu Hause, wenn die Kinder aus der Schule kommen. Sind die Kinder noch klein, gehen berufstätige Eltern oft davon aus, daß es für sie keine andere Möglichkeit gibt, als die Kinder in Tageseinrichtungen oder bei Tagesmüttern unterzubringen.

Viele Frauen müssen sogar mit noch schwierigeren Umständen fertig werden - wenn sie ihre Kinder allein großziehen müssen. Die Ein-Eltern-Familie, in der die Mutter der Haushaltsvorstand ist, wird in unserer modernen Welt zu einer immer häufigeren Erscheinung. Alleinstehende Mütter sind gezwungen, für den eigenen Lebensunterhalt und den ihrer Kinder Geld zu verdienen. Nach einer Scheidung - und die Scheidungsrate steigt - sinkt der Lebensstandard einer alleinstehenden Mutter häufig rapide. Ob es ihnen nun gefällt oder nicht - die meisten alleinerziehenden Mütter müssen außer Haus arbeiten.

Selbst Leute, die starke Glaubensargumente dafür anführen, daß Frauen Vollzeit-Mütter sein sollen, müssen mit Bedauern akzeptieren, daß leider viele Frauen gezwungen sind, außer Haus zu arbeiten. Sie schütteln die Köpfe und erklären, dies gehöre zu den tragischen Folgen von Scheidungen und Trennungen, wenn Frauen ihre kleinen Kinder in fremde Hände geben müssen.

Aber es gibt auch Mütter, die gerne arbeiten gehen *möchten*, ob sie es müssen oder nicht. Traditionalisten können nicht begreifen, daß es Mütter gibt, die davon überzeugt sind, daß eine Berufstätigkeit außer Haus ihnen emotionale Befriedigung und eine persönliche Identität gibt, die für ihr persönliches Glück entscheidend sind.

Solche Traditionalisten müssen sehen, daß es heutzutage etwas ganz anderes ist, Mutter kleiner Kinder zu sein, als früher, und daß es auch nie wieder so werden wird wie früher. Mutterschaft ist ausgesprochen schwierig geworden und oft eine undankbare Aufgabe in unserer modernen, schnellebigen, verstädterten Gesellschaft. Früher waren Mütter längst nicht so isoliert wie heute. Damals zogen Mütter ihre Kinder nicht nur mit der Hilfe des Ehemannes auf, der zu Hause auf dem Hof arbeitete, sondern auch mit der Unterstützung der erweiterten Familie. Junge Mütter lebten oft in unmittelbarer Nachbarschaft ihrer eigenen Mutter, die ihnen helfen und sie beraten konnte. Oft lebten auch Tanten oder Schwestern in der Nähe, wenn die Belastung durch kleine Kinder zu groß wurde und ein paar Stunden Entlastung nötig waren.

In der heutigen Gesellschaft sind Frauen nicht so gut dran. Die Väter arbeiten nur sehr selten zu Hause, und nach der Heirat ziehen die jungen Familien oft aus der unmittelbaren Nähe der Verwandten weg. Oft lassen sich frisch verheiratete Paare zunächst einmal in Mietwohnungen in Städten nieder, die weit entfernt sind von den Wohnorten der Verwandtschaft. Die junge Mutter muß allein herausfinden, wie man mit einem Baby umgeht. Und es gibt keine Entlastung von den endlosen Stunden des Kinderhütens, die allein auf ihr lasten. Ihre Unterhaltung ist ein Buch über Säuglingspflege mit Ratschlägen, was sie tun muß, wenn ihr Kind krank ist oder unruhig. Der Tag einer jungen Mutter ist gespickt mit vielen, wenig anregenden Aufgaben, das aktive Kleinkind zu bändigen und zu versorgen. Dabei ist das ständige Geplapper oft ihre einzige Unterhaltung. Wen wundert es, daß sich die Frau dann oft verlassen fühlt und dieser ständigen Beanspruchung entfliehen möchte?

Erschwerend kommt hinzu, daß die moderne Mutter im Laufe ihrer Ausbildung gar nicht oder kaum auf die Rolle als Familienfrau vorbereitet worden ist. Während der Schulzeit ist sie in denselben Fächern unterrichtet worden wie die Jungen. Wenn sie ein College besucht hat, ist wahrscheinlich ihr Appetit auf gute Literatur, auf Kunst und Kultur und auf Arbeit in einem entsprechenden Umfeld angeregt worden. Kurz, alles was sie gelernt hat, ist Anreiz, außerhalb des Hauses einer Berufstätigkeit nachzugehen. Der Babysitter-Boom ist ein Anzeichen dafür, wie verzweifelt junge Mütter versuchen, den ununterbrochenen Pflichten der Kinderversorgung und -beaufsichtigung wenigstens für ein paar Stunden zu entkommen. Babysitter sind ein relativ neues Phänomen. Früher hatten Mütter alle möglichen Verwandten - Schwestern, Tanten und Omas -, die ihnen hin und wieder für ein paar Stunden Haushalt und Kinder abnahmen. Es zeigt, wie verzweifelt isoliert junge Mütter heutzutage sind, wenn manche ihre Babys unerfahrenen Teenagern zur Betreuung anvertrauen.

Ich unterrichte an einem kleinen christlichen College, das in einem Vorort von Philadelphia liegt. Dort leben vorwiegend Mitglieder der gehobenen Mittelschicht. Viele Studenten haben große Probleme, das Geld für ihre Ausbildung zusammenzukratzen. Zu den Job-Angeboten gehört auch das

Kinderhüten. Fast jeden Abend klingeln in unseren Wohnheimen die Telefone, und es kommen viele Nachfragen, ob nicht eine Studentin in einer Familie in der Nachbarschaft Kinder hüten kann. Studenten werden bereitwillig engagiert, auch wenn die Eltern so gut wie nichts über die betreffende Person und deren Hintergrund wissen.

Ich will damit nicht den Vorschlag machen, Babysitter ganz abzuschaffen. Sie gehören zum modernen Leben dazu. Ich glaube jedoch, daß es hier eine Aufgabe für Gemeinden gibt. In den meisten Gemeinden leben viele zuverlässige Personen, die bei jungen Ehepaaren die Kinder hüten könnten, wenn man sie anspräche. Ja, ich kann mir kaum eine bessere Möglichkeit vorstellen, wie auch ältere Paare in den Gemeinden dem Reich Gottes dienen und jungen Eltern zum Segen werden könnten, als einmal pro Woche kostenlos Kinder zu hüten.

Wenn ich Gemeindepfarrer wäre, würde ich versuchen, für die jungen Ehepaare in der Gemeinde einen solchen Babysitter-Dienst einzurichten, und ich würde an ältere Ehepaare appellieren, ihre Verantwortung wahrzunehmen und dabei zu helfen, junge Ehen zu festigen - einfach indem man den Ehepartnern einen freien Abend in der Woche ermöglicht, an dem sie zusammen ausgehen können. Ich würde sogar einen Kurs für solche Babysitter anbieten, damit sie wissen, wie sie möglichst viel aus diesem Dienst für die Kinder und deren Eltern machen können.

Ein solches Angebot wäre nicht nur für junge Familien ein Segen, er könnte auch älteren Paaren Freude machen, deren eigene Enkel vielleicht Hunderte von Meilen entfernt leben. Und ich bin ganz sicher: Wenn sich so etwas wie ein Babysitter-Service in einer Gemeinde herumspricht, werden viele junge Paare und Familien Interesse für diese Gemeinde entwickeln, weil sie merken, daß ihr etwas an jungen Familien liegt und sie für solche Familien auch konkret etwas tut.

Bei allem Verständnis dafür, daß der Druck einer vollzeitlichen Familienfrau in einer isolierten Umgebung ohne Unterstützung ausreicht, um in einer Frau den *Wunsch* nach Berufstätigkeit zu wecken, müssen wir aber auch ehrlich sehen, welche schädlichen Auswirkungen eine solche Berufstätigkeit auf die Kinder haben kann.

Eine Untersuchung bei Mittelschichtkindern, die kürzlich von Deborah Lowe Vandell und Mary Anne Corasantini von der Universität von Texas durchgeführt wurde, kam zu folgendem Ergebnis: Kinder im Vorschulalter, die in Tageseinrichtungen oder von Tagesmüttern betreut werden, sind im dritten Schuljahr eher unkooperativer und unbeliebter als die Kinder aus einer Kontrollgruppe, die von Vollzeit-Müttern versorgt und erzogen wurden. Kinder, die in Tageseinrichtungen untergebracht waren, lernten in späteren Jahren nicht so gut, bekamen schlechtere Noten und hatten ein instabiles Selbstwertgefühl. Vandell und Corasantini gehen davon aus, daß die Fremdbetreuung von Kindern im ersten Lebensjahr eine Entwicklungsverzögerung auf sozialem, emotionalem und intellektuellem Gebiet zur Folge hat.

Etwas positiver sah es der Studie nach aus, wenn Mütter einer *Teilzeitbeschäftigung* nachgingen und ihre Kinder weniger als 30 Stunden wöchentlich in fremde Hände gaben. Diese Kinder konnten sich relativ gut anpassen und entwikkelten sich gut. Mütter sollten sich also, falls sie die Wahl haben, möglichst für eine Teilzeitbeschäftigung entscheiden, besonders wenn sie noch nicht schulpflichtige Kinder haben.

Leider ist es sehr schwierig, angemessen bezahlte Teilzeitstellen zu finden. Arbeitgeber wissen sehr gut, daß Frauen, die verzweifelt eine Teilzeitstelle suchen, um sich besser um ihre kleinen Kinder kümmern zu können, leicht auszunutzen sind. Zudem werden immer mehr Teilzeitstellen in Aushilfsstellen umgewandelt. Dann haben Arbeitnehmer keine Möglichkeit, gegen ihre schlechte Bezahlung zu protestieren. Der

Arbeitgeber könnte sie sofort entlassen; hinter ihnen stehen viele, die die Arbeit sofort machen würden. Auch christliche Einrichtungen stellen bei dieser Art der Ausbeutung keine Ausnahme dar. Amerikanische Gemeinden nutzen Teilzeitstellen-Suchende oft aus, indem sie Sekretärinnen oder Küster unter Tarif bezahlen. Ich habe festgestellt, daß es an dem frommen College, an dem ich arbeite (ebenso wie an vielen anderen Colleges), gang und gäbe ist, Teilzeit-Dozenten für Hungerlöhne einzustellen. Unsere Verwaltung gibt bereitwillig zu, daß diese Unterbezahlung eine entscheidende Methode für das College ist, um zu einem ausgeglichenen Haushalt zu kommen.

Wenn Christen sich für die Unterdrückten einsetzen sollen, dann ist es an der Zeit, einmal die Stimme zu erheben und politisch tätig zu werden für Leute, die durch Teilzeitjobs ausgebeutet werden. Und an die Adresse derjenigen, die mit der Befreiungstheologie in Lateinamerika sympathisieren: Vielleicht ist es an der Zeit, sich für die Befreiung der unterdrückten Arbeitnehmer in unserm eigenen Land einzusetzen - besonders dann, wenn es sich bei diesen Unterdrückten um unterbezahlte Mütter handelt, die gern Teilzeit arbeiten möchten, um möglichst viel Zeit für ihre Kinder zu haben.

Christen können jungen Müttern, die berufstätig sein müssen, auch helfen, indem sie in ihren Gemeinden Arbeitsplätze schaffen. Am besten Stellen, bei denen Mütter die Arbeit zu Hause erledigen können. Ein schwarzer Pastor in Richmond, Virginia, bietet beispielsweise für junge Mütter aus seiner Gemeinde eine Ausbildung in Reparatur und Wartung von Haushaltsgeräten an. Diese Tätigkeiten können sie zu Hause ausüben. Durch diese findigen Bemühungen können jetzt einige Frauen ihren Lebensunterhalt von zu Hause aus verdienen. Die Gemeinde hat das nur organisiert und bekanntgemacht. Sie braucht dafür keine Kosten zu übernehmen. Die nötige Ausrüstung wurde durch Spenden aufgebracht.

Im Eastern College, an dem ich unterrichte, gibt es ein Studienprogramm, in dem Studenten lernen, Möglichkeiten für Heimarbeit zu entwickeln. Ein Student hat gerade einer Mutter, die von Sozialhilfe lebte, eine Arbeit vermittelt. Sie näht die Schuluniformen für eine benachbarte christliche Schule. Dieser einfache Anfang hat möglicherweise langfristige Auswirkungen, nicht nur für die Mutter, sondern auch für ihre Kinder. Ich habe die Hoffnung, daß in den kommenden Jahren viele unserer Studenten neue Möglichkeiten auftun und erarbeiten, durch die Mütter ein gerechtes Einkommen verdienen und trotzdem selbst ihre Kinder versorgen können.

Wir haben bereits gesehen, daß die Elternrolle eine überwältigende Verantwortung mit sich bringt. Es ist verständlich, daß manche jungen Mütter dieser Verantwortung entfliehen möchten. Aber in meiner gesamten bisherigen Argumentation bin ich einfach davon ausgegangen, daß die Aufgabe der Kinderversorgung in erster Linie Sache der Frau ist. Ich habe zwar an die Männer appelliert, sich von den traditionellen Rollenmustern zu trennen und sich an der Versorgung und Erziehung der Kinder zu beteiligen, und ich habe Männer gedrängt, auch die Haushaltspflichten zu übernehmen, die bisher als Frauensache galten. Aber in allem gehe ich immer noch ziemlich unumwunden davon aus, daß die Versorgung von Kindern in erster Linie Sache der Mütter sein sollte. In meinen Ausführungen schwingt die Ansicht mit, daß die Biologie das Schicksal der Mütter bestimmt und daß die Bindung zwischen Müttern und Kindern den Müttern eine einzigartige und entscheidende Rolle zuordnet, die von sonst niemandem übernommen und ausgefüllt werden kann.

Wenn Sie das so verstanden haben, dann liegen Sie genau richtig. Ich glaube in der Tat, daß es bestimmte soziale Unausweichlichkeiten gibt, die daher rühren, daß die Frauen Kinder zur Welt bringen. Ich bin davon überzeugt, daß in den neun Schwangerschaftsmonaten eine Verbindung zwischen

Mutter und Kind entsteht, die das Kind für sein ganzes Leben prägt. Es gibt zunehmend Hinweise und Indizien dafür, daß von dem Zeitpunkt an, an dem die Entwicklung des kindlichen Gehirns beginnt(etwa 8-10 Wochen nach der Empfängnis), eine Verständigung zwischen Mutter und Kind stattfindet. Diese Verständigung ist, obwohl ohne Worte, umfassend. In der gesamten vorgeburtlichen Zeit registriert das ungeborene Kind die Gefühle und Empfindungen der Mutter, und aller Wahrscheinlichkeit nach bekommt es hier schon Prägungen, die möglicherweise die psychische Orientierung des Kindes für die Zukunft mitbestimmen.

Im Bauch der Mutter entwickelt sich ein Mensch, dessen Wohlbefinden von der Person abhängig ist, die es trägt. Aus rein biologischen Gründen ist die Mutter der erste und mächtigste Einfluß auf das Kind.

Da es zwischen der Mutter und dem ungeborenen Kind diese Art der Wechselbeziehung gibt, halte ich es für so entscheidend, daß die Mutter die erste Bezugsperson in den ersten Lebensjahren ist. Die seelische Umstellung des Kindes von der totalen Identifikation mit der Mutter auf weitere Bezugspersonen sollte langsam und schrittweise vollzogen werden. Wenn eine Mutter (besonders in den ersten drei Lebensjahren) die Versorgung ihres Kleinkindes abrupt in fremde Hände gibt, dann erscheint mir das gefährlich für das Wohl des Kindes. Väter sind ein wesentlicher und früher Bestandteil der emotionalen Welt eines Kindes, aber ich glaube, daß es bestimmte emotionale Bedürfnisse gibt, die nur von der Mutter befriedigt werden können, aufgrund ihres vorgeburtlichen Einflusses auf ihr Kind. Es ist an der Zeit, daß Amerika mit Rücksicht auf die Kinder seine Werte ändert. Wenn wir künftig gesunde und glückliche Bürger haben wollen, dann müssen wir der Erziehung und Versorgung von Jungen und Mädchen in dieser Generation größte Aufmerksamkeit widmen. Wir müssen Eltern davon überzeugen, daß das

Großziehen von Kindern Priorität hat vor beruflichem Vorwärtskommen. Als Gesellschaft müssen wir der Tätigkeit der Mütter das Prestige und den Status zugestehen, die ihr zustehen. Eltern müssen davon überzeugt werden: In den Jahren, in denen ihre Kinder noch nicht schulpflichtig sind, sind Opfer einfach erforderlich. Elternschaft muß als Berufung gesehen werden. Mütter und Väter müssen verstehen, daß diese Berufung es wert ist, die Erwartungen an den beruflichen Erfolg einzuschränken und vielleicht sogar eine Berufstätigkeit oder eine berufliche Karriere eine Zeitlang zu unterbrechen.

Die Lebenserwartung der Amerikaner und Westeuropäer ist heute höher denn je, was auch bedeutet, daß Eltern genug Zeit bleibt, um ihre Berufstätigkeit wieder aufzunehmen und weiter Karriere zu machen, nachdem sie ihre Kinder durch die ersten entscheidenden Lebensjahre begleitet haben. Ich bin völlig davon überzeugt, daß es vernünftig ist, wenn Mütter aus dem Beruf aussteigen, während ihre Kinder wichtige Erfahrungen machen. Sie sollten einfach dasein, um die emotionalen und psychischen Bedürfnisse zu befriedigen, die eben nur von ihnen befriedigt werden können.

Väter sollten nicht nur die Mutter ihrer eigenen Kinder ermutigen und unterstützen. Sie sollten auch eine Bewegung ins Leben rufen, die die Gesellschaft verändert, so daß junge Mütter zu Hause bei ihren Sprößlingen bleiben können. Wenn diese kostbaren Jahre der Kleinkindzeit einfach vorbeirauschen wegen der Anforderungen im Büro oder dem Studium, ist das in meinen Augen Sünde.

Meine Tochter hat an der University of Pennsylvania Jura studiert. Während ihrer Studienzeit gab es viele Diskussionen und Vorträge, die den zukünftigen Rechtsanwältinnen helfen sollten, herauszubekommen, wie man eine Ausgewogenheit herstellt zwischen den beruflichen Anforderungen und den Anforderungen einer Familie. Ich fragte meine Tochter, zu welcher Schlußfolgerung sie gekommen sei. Sie sagte mir mit einigem Bedauern, nach endlosem Nachdenken und Gesprächen sei sie zu der Erkenntnis gekommen, daß niemand gleichzeitig und angemessen Mutter von noch nicht schulpflichtigen Kindern und voll berufstätige Anwältin sein kann. Die Anforderungen, die an beide Rollen gestellt werden, sind zu groß. Meine Tochter gab bereitwillig zu: Solange die Kinder noch nicht schulpflichtig sind, könne man eben nur entweder eine gute Mutter oder eine gute Anwältin sein.

All die Zeitschriftenartikel über Superfrauen, die gleichzeitig und glänzend den Spagat zwischen Mutterrolle und Karriere schaffen, sind wahrscheinlich eher Fiktion als Wirklichkeit.

Es ist ein Fehler, wenn man Grenzen nicht akzeptiert. Wenn man die Mutterrolle richtig ausfüllen will, ist das eine anspruchsvolle Anforderung, die viel Kraft und Intelligenz erfordert und schon an sich ein Vollzeit-Job ist. Es ist für alle Betroffenen möglich, wenn nicht gar zu ihrem Wohl, wenn Mütter eine bezahlte oder unbezahlte Aufgabe übernehmen, die nichts mit der Familie zu tun hat. Aus finanziellen Gründen entscheiden sich viele zu einer Teilzeit-Beschäftigung, um ihre Lebensqualität zu steigern und ein wenig zusätzliches Geld zu verdienen. Aber die Versorgung der Kinder sollte von Müttern immer als vorrangige Aufgabe betrachtet werden, und sie sollten sich durch nichts und niemanden von dieser Aufgabe ablenken lassen.

Auch Väter müssen bereit sein, Opfer zu bringen. Kinder treten jedoch leider meistens dann in ihr Leben, wenn sie der Meinung sind, daß sie gerade jetzt mehr Zeit und Kraft in ihre Karriere investieren sollten. Mit Ende Zwanzig oder Anfang Dreißig sind viele frischgebackene Väter der Meinung, daß ihre oberste Verpflichtung darin besteht, beruflich voranzukommen. Sie müssen doch ihrer Familie eine solide wirtschaftliche Basis erarbeiten. Folglich sind sie in den Jahren, in denen ihre Kinder noch nicht schulpflichtig sind, nicht da, um bei ihrer Versorgung und Erziehung zu helfen. Viel zu oft führt beruflich bedingte Abwesenheit dazu, daß Väter zu ihren kleinen Kindern keine tiefe Beziehung aufbauen können.

Einer meiner Kollegen am College und seine Frau sind für mich ein Vorbild als Eltern kleiner Kinder. Er war dabei, seine Doktorarbeit zu schreiben, als die Kinder geboren wurden. Von seiten des Colleges wurde er stark unter Druck gesetzt, seinen Abschluß zu machen und dann weiter an seiner Karriere zu arbeiten. Aber mein Freund wußte, daß er in erster Linie Vater und erst in zweiter Linie Dozent war. Er unterrichtete zwar weiter und machte das auch sehr gut, aber er verschob seinen Doktor-Abschluß, bis er das Gefühl hatte, seine Familie könne die zusätzliche zeitliche Belastung verkraften.

Seine intelligente und gutausgebildete Frau war ebenfalls bereit, Opfer zu bringen. Sie entschloß sich dazu, Vollzeit-Mutter zu sein. Unser College zahlt recht bescheidene Gehälter, so daß ihr Entschluß eine Einschränkung ihres bisherigen Lebensstandards bedeutete. Dazu wohnten sie durch die Lage des Colleges in einem der reichsten Vororte von Philadelphia. Sie hätten also ganz bestimmt zusätzliches Geld gebrauchen können.

Diese Eltern wollten ihre Elternrolle so ausfüllen, wie sie es für nötig und angemessen hielten. Nach den gängigen Maßstäben lebte die fünfköpfige Familie am Existenzminimum. Aber sie waren davon überzeugt, daß Zeit und Zuwendung wichtiger für die Familie sind als ein eigenes Haus und genug Geld für Dinge, von denen man Amerikaner glauben macht, sie bräuchten sie unbedingt. Ich wünschte, es gäbe mehr Familien, die nach einem solchen Modell lebten.

Obwohl wir Christen es eigentlich besser wissen sollten, sind die meisten von uns, im Widerspruch zur Bibel (Römer 12,2), an diese Welt angepaßt. Wir glauben viel zu bereitwillig, daß wir all die Dinge brauchen, die für ein in den Medien dargestelltes »gutes Leben« nötig sind, selbst wenn die zusätzliche Zeit, die man braucht, um das Geld für diese Dinge zu verdienen, unseren Kindern vorenthalten wird. Sie verlieren dadurch etwas sehr viel Kostbareres, als wir ihnen je kaufen könnten. Elternsein erfordert mehr Opfer, als den meisten klar ist und als die meisten bereit sind zu geben.

Wer keine Wahl hat und aus wirtschaftlicher Notwendigkeit gezwungen ist, ganztags zu arbeiten, für den bleibt immer noch die Hoffnung, daß er/sie kreative Möglichkeiten findet, möglichst viel aus der gemeinsamen Zeit mit den Kindern zu machen. Überlegen Sie, ob Sie nicht zu Hause arbeiten können. Schreibarbeiten, ein Telefondienst oder Beratungsdienste sind Möglichkeiten, wie Mütter zu Hause bei ihren kleinen Kindern sein und trotzdem einen bescheidenen Lebensunterhalt verdienen können. Wenn Sie aber zur Arbeit aus dem Haus gehen müssen, weil Sie eine Ganztagsstelle haben, dann machen Sie das Beste aus einer Situation, die ich persönlich für sehr ungut halte. Betrachten Sie die gemeinsame Zeit mit Ihrem Kind als einen kostbaren Schatz und machen Sie sich bewußt, daß Ihre Anwesenheit und Aufmerksamkeit viel mehr bedeuten als gebügelte Blusen, ein geputztes Haus oder Ihre Tätigkeit als Lehrerin in der Sonntagsschule. Wenn Sie schon mit der schmerzlichen Gewißheit leben müssen, daß Sie keine optimalen Lebensbedingungen schaffen können, dann haben Sie aber dafür die Freude zu merken, daß es Ihr volles Recht ist, in den ersten Lebensjahren Ihres Kindes intensive gemeinsame Zeit zu Ihrer obersten Priorität zu machen, soweit das möglich ist.

Und die Mütter, die in den ersten prägenden Jahren nicht von ihren Kindern fort zu sein brauchen, sollten sich klarmachen, was für ein Glück das ist. Sie sollten diese kostbare Chance nicht vertun. Die Kinder sind so schnell groß und gehen aus dem Haus. Wenn es soweit ist, werden diese Mütter in ihrem Innersten wissen, daß sie das Beste für ihre Kinder getan haben.

In seinem Buch *Das Zeitalter des Narzißmus* (Hamburg 1995) behauptet Christopher Lasch, daß Kinder eine feindselige Grundhaltung einnehmen, wenn sie in ihren ersten Lebensjahren seelischen Mangel gelitten haben. Er fürchtet, daß diese feindselige Haltung sich in wachsender Gewalttätigkeit äußert. Wenn er recht hat, dann hängt die Zukunft unseres Planeten vielleicht von unserer Fähigkeit und Bereitschaft ab, Opfer zu bringen, um unseren Kindern genug Zuwendung zu geben. Möge nie über uns gesagt werden, wir hätten auf der Jagd nach Macht, Prestige und materiellen Gütern unsere wichtigste Verpflichtung der kommenden Generation gegenüber vernachlässigt, nämlich ihr die Zeit zu geben, die sie braucht und verdient.

Aber statt dieses Thema aus einer negativen Sicht anzugehen, hoffe ich, daß Mütter die positive Seite der Tatsache sehen, erste Bezugsperson ihrer kleinen Kinder zu sein.

Überlegen Sie doch einmal, was es heißt, wirklich dazusein, wenn das Kind seine ersten Schritte macht. Bedenken Sie, daß Sie beeinflussen können, welche Worte Ihr Kind als erstes spricht. Und das Wichtigste: Überlegen Sie doch nur einmal, was für eine Freude es ist, zu wissen, daß man die ganz besondere Person für ein Kind ist, die erste Spielgefährtin, mit der das Kind die Freude am Leben teilen kann. Warum jemand anderem all diese Freude an unserem kleinen Kind überlassen? Ist das nicht auch der Grund, weshalb wir sie haben?

4. Sexuell unbefriedigt - was tun?

Ich war einmal mit einer Männergruppe auf einer Einkehrtagung. Nach einer intensiven und wichtigen Zusammenkunft, während der der Referent ein engagiertes Plädoyer für sexuelle Reinheit gehalten hatte, trafen sich ein paar von uns noch, um vor dem Schlafengehen zusammen zu beten. Ein 29jähriger Junggeselle, der durch die Ereignisse des Abends besonders aufgewühlt war, nutzte unser Zusammensein, um zu beichten. Wir waren alle mucksmäuschenstill, während er uns von seinem sexuellen Hunger erzählte und von seinen Bemühungen, damit fertig zu werden. Er hatte weder Ehebruch noch Unzucht begangen, aber unter Tränen berichtete er uns, daß er exzessiv Pornographie konsumierte und masturbierte, um seine sexuellen Bedürfnisse zu befriedigen.

Nachdem der junge Mann die ganzen Probleme mit seiner Sexualität vor uns ausgebreitet hatte, bat er uns, für ihn zu beten. Besonders bat er darum, daß der Herr ihm seinen sexuellen Appetit nehmen möchte, damit er nicht mehr auf Pornographie oder Selbstbefriedigung zurückzugreifen bräuchte.

An diesem Punkt mußte ich seine Geständnisse und Bitten unterbrechen. »Moment mal«, sagte ich, »ich glaube, du weißt gar nicht, worum du da eigentlich bittest. Möchtest du wirklich, daß dein sexueller Appetit völlig verschwindet? Ist dir eigentlich klar, daß du nicht mehr du bist, sollte dieses Gebet erhört werden? Kannst du nicht die Tatsache akzeptieren, daß Gott dir deinen Sexualtrieb gegeben hat, weil er ihn für gut hält?«

»Aber ich bin nicht verheiratet!« erwiderte er. »Und was noch viel schlimmer ist, es besteht auch keine Aussicht auf eine Heirat. Als Christ sollte ich das, was ich tue, um mir Erleichterung zu verschaffen, nicht tun. Diese ganze Sache mit dem Sex bedeutet für mich nichts als jede Menge Leid.«

Womit sich dieser junge Mann herumquält, ist unter gläubigen Menschen verbreiteter, als die meisten Leute vermuten oder zugeben. Weil die meisten Singles in einer Gesellschaft leben, wo wir in den Medien mit sexuell stimulierenden Botschaften bombardiert werden, denken die meisten entweder ständig an Sex oder, wenn das nicht der Fall ist, wird ihnen signalisiert, daß mit ihnen irgend etwas nicht stimmt. Es ist schön und gut, solchen Single-Christen zu versichern, daß die Bibel die Ehelosigkeit positiv darstellt, ja sogar dazu ermutigt, ehelos zu leben. Es klingt überaus edel, wenn man erklärt, daß die Ehelosigkeit mehr Zeit für den Dienst für Gott und an den Menschen läßt (1. Korinther 7), aber für die meisten Singles ist das ein schwacher Trost. Ihnen bleibt immer noch der Frust, den der Versuch mit sich bringt, in einer mit Sex übersättigten Welt ein sexuell reines Leben zu führen.

Aber sexueller Frust ist nicht allein ein Problem von Singles; auch verheiratete Menschen sind damit konfrontiert! Untersuchungen enthalten hinreichend Hinweise darauf, daß ein erheblicher Anteil der verheirateten Bevölkerung unzufrieden ist mit der sexuellen Aktivität in ihrer Ehe. Aber was vielleicht noch wichtiger ist: Es gibt in jeder Ehe Phasen, in denen ein Partner unzufrieden ist mit der Häufigkeit oder der Intensität der sexuellen Beziehung.

Zum Teil liegt das an den Unterschieden in der Sexualität von Mann und Frau. Die Mehrheit der Männer hat das stärkste sexuelle Interesse mit Anfang 20. Frauen dagegen erreichen ihren sexuellen Höhepunkt erst mit Anfang bis Mitte 30. Leider sind bis dahin viele Ehemänner Ende 30 und damit sexuell weniger interessiert.

Das bedeutet, daß in der ersten Phase vieler Ehen die Frauen vielleicht sexuell nicht so aktiv sind, wie es die Männer gern hätten, und daß in einer späteren Phase vielleicht die

Männer nicht mehr so viel Lust haben, wie es die Frauen wünschen. In einem solchen Fall können Geduld und Zurückhaltung bisweilen der größte Ausdruck von Liebe sein.

Stellen Sie sich einmal ein Paar vor, das enormen Ehestreß erlebt, weil der junge Mann das Gefühl hat, seine sexuellen Bedürfnisse werden nicht ausreichend befriedigt. Vielleicht hat seine Frau gerade ein Baby bekommen. Vor der Geburt des Babys hat sie sich nicht gerade besonders sexy gefühlt. Und nach der Geburt hat sie das Baby gestillt, wodurch ihr sexueller Appetit auch eher gebremst wurde. Ungeduldig und nicht besonders verständnisvoll beschließt nun der Mann, daß er das Recht habe, Frauen zu suchen, die ihm geben, was er braucht, weil seine Frau seine sexuellen Bedürfnisse nicht befriedigt. Aber: So ein Mann ist kein Mann, sondern ein verwöhnter kleiner Junge, der alles bekommen muß, wann und wo er es möchte. Leider gibt es solche Szenarien nur allzuhäufig in unserer vom Egoismus geprägten Welt.

Zu einer weiteren möglichen Eheszenerie gehört vielleicht eine Frau Mitte 30, die den Höhepunkt ihres sexuellen Interesses erlebt. Durch gute christliche Literatur hat sie erfahren, daß auch Frauen sexuelle Rechte haben. Ihr Mann ist jedoch nicht mehr so verliebt, wie er es einmal war. Er ist Anwalt und arbeitet hart, um Teilhaber in der Kanzlei zu werden, in der er schon seit Jahren als angestellter Anwalt arbeitet. Die Lebensphase, in der er gerade steckt, macht ihn ein wenig nervös, und durch seine Frau fühlt er sich ein bißchen bedroht. An ihm nagen Zweifel, ob er die sexuellen Erwartungen seiner Frau erfüllen kann. Oft wartet er abends mit dem Ins-Bett-Gehen, bis seine Frau schon schläft. Denn er hat Angst, ihren Ansprüchen nicht zu genügen. Und statt Mitgefühl mit ihm für seine Arbeit zu haben, demütigt sie ihn vielleicht, indem sie ihn wegen seiner sexuellen »Leistung« lächerlich macht. Ganz anders seine Kollegin, die ihn ständig bestätigt, seine hervorragende Arbeit lobt und ihm vermittelt, daß er ein überaus attraktiver Mann ist. Die beiden beginnen ein Verhältnis, das sein Selbstwertgefühl hebt. So beschließt er, seine Frau zu verlassen und bei seiner Freundin zu leben.

Die unterschiedlichsten Versionen dieser rein fiktiven Geschichten gibt es in der Realität häufiger, als wir glauben. In diesem Zusammenhang sagt die Bibel:

»Die Frau verfügt nicht über ihren Leib, sondern der Mann. Ebenso verfügt der Mann nicht über seinen Leib, sondern die Frau. Entziehe sich nicht eins dem anderen, es sei denn eine Zeitlang, wenn es beide wollen, damit ihr zum Beten Ruhe habt, und dann kommt wieder zusammen, damit euch der Satan nicht versucht, weil ihr euch nicht enthalten könnt.« (1. Korinther 7,4-5)

Darüber lohnt es sich nachzudenken.

Leider ist es mit der einfachen Ermahnung, wir sollten unseren sexuellen Hunger zügeln, in der Regel nicht getan, um das Problem zu lösen – egal, ob wir verheiratet sind oder alleinstehend. Wir brauchen mehr Hilfe als ein schlichtes: »Du sollst nicht . . .« Wir brauchen eine Strategie für den Umgang mit unserem sexuellen Frust, und dazu möchte ich einige Vorschläge machen.

Was ist mit den beiden Ventilen, die ich eingangs erwähnt habe und die viele sexuell unbefriedigte Menschen benutzen – Pornographie und Selbstbefriedigung?

Ich bin der festen Überzeugung, daß es bei der Problematik sexueller Frustration keine Kompromisse in bezug auf Pornographie geben darf. Wer glaubt, Pornographie sei ein harmloses sexuelles Ventil, der hat den Anschluß an die neueste Forschung zu dieser Problematik verpaßt. Es gibt Indizien dafür, daß Pornographie süchtig machen kann.

Was ist mit den beiden Ventilen, die ich bereits angesprochen habe – Pornographie und Selbstbefriedigung?

Viele Leute, die sich mit Pornographie befassen, stellen irgendwann fest, daß sie ohne sie keine sexuelle Erregung mehr erleben. Ich weiß von einem Fall, in dem ein Mann so abhängig von Pornos war, daß er sich erst durch Nacktfotos stimulieren mußte, bevor er mit seiner Frau Sex haben konnte. Seine Beschäftigung mit Pornographie war zur Sucht geworden.

Außerdem geht man zunehmend davon aus, daß Übersättigung durch eine bestimmte Form von Pornographie das Bedürfnis nach »härteren« Formen schafft, um zur erwünschten Erregung zu gelangen. Anders ausgedrückt, man hat festgestellt, daß Leute, die mit Softpornos wie beispielsweise Bildern aus dem *Playboy* anfangen, nach einer Weile etwas »Härteres«, noch Konkreteres brauchen, Pornovideos zum Beispiel. Ich glaube, daß das erotische Empfinden eines pornoabhängigen Menschen sich an einem Foto als etwas festmacht, das für ihn bzw. sie nicht bedrohlich ist. Ein lebendiger Mensch könnte durch sein Anderssein herausfordern. Ein Foto kann man einfach konsumieren. Deshalb kann der Hunger solcher Menschen letztlich dazu führen, daß sie ihr Vergnügen bei den schwächsten aller Objekte suchen, bei Kindern. Ich glaube, ich gehe nicht zu weit mit der Behauptung, daß dies mit der sexuellen Ausbeutung kleiner Mädchen und Jungen enden kann. Und ich behaupte, daß der Schaden, den diese Kinder und die Gesellschaft als Ganzes durch solchen Mißbrauch nehmen, zu groß ist, als daß man in irgendeiner Form Nachsicht mit denen haben darf, die Pornographie produzieren, auch nicht im Namen der freien Meinungsäußerung.

Es bedurfte erst der Frauenbewegung, um uns daran zu erinnern, daß unsere Sorge im Zusammenhang mit Pornographie nicht allein den Konsumenten gelten darf, sondern wir auch die Frage stellen müssen, was Pornographie mit denen anrichtet, die an ihrer Produktion beteiligt sind.

Pornodarstellerinnen werden erniedrigt und entwürdigt. Das gilt selbstverständlich auch für Männer und erst recht für

Kinder, die für pornographische Aufnahmen posieren. Ein Christ kann eine solche Entmenschlichung weder zulassen noch verharmlosen. Jeder Mensch hat seine Würde, weil er nach dem Bild Gottes geschaffen ist. Deshalb ist es Sünde gegen Gott, sich daran zu beteiligen, diese Würde zu verletzen oder herabzusetzen.

Als Alfred Kinsey in den frühen 50er Jahren seine berühmten Umfragen durchführte, galt Pornographie im wesentlichen als Perversion unter Männern. Das ist jedoch heute nicht mehr der Fall. Seit Jahren fühlen sich auch Frauen zunehmend zu Pornographie hingezogen, und heute gibt es immer mehr Hinweise dafür, daß auch sie süchtig werden. Es ist wichtig zu erkennen, daß auch Frauen in den christlichen Gemeinden Pornographie konsumieren, daß es sich dabei also nicht mehr um ein reines Männerproblem handelt.

Die christliche Gemeinde steht noch vor vielen Aufgaben, wenn sie nicht nur etwas *gegen* Pornographie unternehmen, sondern auch *für* diejenigen dasein will, die süchtig danach sind. Es reicht nicht aus, vor Porno-Shops zu demonstrieren und dafür zu sorgen, daß Massagesalons und sonstige Etablissements gesetzlich verboten werden. Die Kirche muß sich für die einsetzen, die von Pornographie abhängig sind. Eine Möglichkeit wäre beispielsweise die Gründung von Selbsthilfegruppen nach dem Vorbild der Anonymen Alkoholiker. Christen könnten solche Gruppen anbieten, um Mitchristen zu helfen, aus der Sucht herauszukommen und mit der allgegenwärtigen Versuchung umzugehen. Es ist eine positive Entwicklung, daß Anti-Porno-Gruppen sich dieser Aufgabe bewußt werden und anfangen, entsprechend zu reagieren.

Auch Selbstbefriedigung kann zu einer problematischen Fluchtmöglichkeit vieler sexuell unbefriedigter Menschen werden. Umfragen zufolge befriedigen sich die meisten jungen Erwachsenen unter den Christen, und Selbstbefriedigung ist auch sehr üblich unter geschiedenen und verwitweten Christen.

Viele christliche Ethiker sind der Meinung, daß Selbstbefriedigung für einen Christen eine völlig akzeptable Möglichkeit ist, angestaute sexuelle Energie abzubauen. Ganz sicher ist Selbstbefriedigung nicht so schlimm wie Ehebruch oder Unzucht. Wenn es überhaupt eine Sünde ist. Das eine betrifft auch andere Menschen, das andere nur die einzelne Person.

Vielleicht das gängigste christliche Argument gegen Selbstbefriedigung lautet, daß Selbstbefriedigung zu Phantasien von unerlaubten sexuellen Praktiken führt. Viele Christen behaupten, ein Christ sei dann reinen Herzens (Matthäus 5,8), wenn er nicht Phantasien nachhängt, wie sie bei der Selbstbefriedigung aufkommen können, und daß wir nur reine Gedanken an uns heranlassen dürfen.

Zweifellos wird Masturbation immer von Phantasien begleitet, aber ich bin keineswegs davon überzeugt, daß Phantasien prinzipiell Sünde sind. Problematisch kann es meiner Meinung nach werden, wie wir mit unseren Phantasien umgehen. Wenn wir unsere Phantasien hegen und pflegen, so daß wir nur noch mit ihnen befaßt sind, und wenn wir daran denken, diese Phantasien wirklich in die Tat umzusetzen, dann glaube ich, daß sie sündhaft und zerstörerisch werden können.

Sexuelle Phantasien können mit Sicherheit zur Versuchung werden, aber Versuchungen an sich sind noch keine Sünde. In der Bibel heißt es ja, daß Jesus »versucht worden ist in allem wie wir« (Hebräer 4,15), daß er aber der Versuchung nie nachgegeben hat. Was wir mit den Versuchungen machen, kann allerdings zur Sünde werden. Wenn wir wollen, daß sie Wirklichkeit werden, dann haben wir die Grenzlinie überschritten.

Sigmund Freud geht davon aus, daß wir das, was wir tagsüber verdrängen, nachts träumen. Damit hat er ganz zweifellos recht. Egal, ob wir Selbstbefriedigung praktizieren oder nicht, ob wir es wollen oder nicht, wir haben alle sexuelle Phantasien; sie sind ein natürlicher Bestandteil unserer biologischen und psychischen Befindlichkeit. Folglich ist die Klage gegen Selbstbefriedigung, die auf der Behauptung aufbaut, daß die dabei aufkommenden Phantasien Sünde sind, nicht sehr überzeugend.

Andererseits gibt uns die Bibel aber sehr wohl den Rat, vor der Versuchung zu fliehen (Jakobus 4,7). Wir sollten uns nicht in Versuchung bringen, indem wir uns immer wieder mit ihr konfrontieren, besonders wenn wir wissen, daß wir sexuell unbefriedigt sind. In diesem Fall könnte Selbstbefriedigung möglicherweise zu Phantasien führen, die unsere Entschlossenheit, sexuell rein zu bleiben, untergräbt. Das wäre dann letztlich doch ein Anlaß, die Praxis der Selbstbefriedigung in Frage zu stellen.

Wenn nun also Pornographie und Selbstbefriedigung keine akzeptablen Ventile für unseren Sexualtrieb sind, was bleiben uns dann noch für Möglichkeiten für den Fall, daß unser sexueller Hunger nicht gestillt werden kann? Mein erster Vorschlag ist ziemlich alt, aber ich glaube, daß wir ihn in der heutigen Zeit nicht ernsthaft genug in Betracht ziehen. Ich glaube, wir brauchen etwas, was Psychologen als Sublimation bezeichnen. Einfach ausgedrückt, wir brauchen ein Engagement, das es uns ermöglicht, unsere sexuellen Energien auf konstruktive Weise einzusetzen.

Das ist eine seit jeher bewährte Methode, mit sexueller Frustration umzugehen - und es ist eine Methode, die in unserer derzeitigen gesellschaftlichen Überbewertung von Sex in der Regel übersehen oder bewußt ignoriert wird. Ich kann es zwar nicht belegen, aber ich halte es für durchaus möglich, daß Mutter Teresa von Kalkutta ein Ventil für ihre sexuelle Energie in ihrer Liebe zu den Armen dieser Welt gefunden hat. Ich glaube, in den Gesichtern der sterbenden Straßenmenschen von Kalkutta Jesus zu erkennen, ist eine wundervolle Art, den eigenen Sexualtrieb auf eine Art umzulenken, durch die Gott geehrt wird und die gleichzeitig große persönliche Befriedigung schenkt.

Mutter Teresa liebt Jesus durch andere Menschen hindurch. Sie erfährt die größte Befriedigung für ihr Leben durch Christus, der ihr in jedem armen oder kranken Menschen, den sie liebt und dem sie dient, begegnet. Geistliche Liebe *kann* durchaus eine Kompensation für unsere körperlichen Triebe sein. Ich halte liebendes Dienen für eine Form der Sublimation, die unseren Körper und seine Bedürfnisse unter Kontrolle halten kann.

Man braucht seine Spiritualität nicht an der von Mutter Teresa zu messen, um auch diese Art der Sublimation seiner sexuellen Wünsche zu praktizieren. Wenn wir es nur einmal ernsthaft ausprobieren würden, fänden wir überall Möglichkeiten, unsere sexuellen Energien anders einzusetzen, indem wir uns auf die Bedürftigen und Ungeliebten einstellen. Das ist weder ein unrealistischer Vorschlag noch eine unangemessene Flucht.

Harry ist geschieden. Er fragt sich ernsthaft, ob eine Wiederheirat mit den Aussagen der Bibel vereinbar wäre. Er hat die sexuellen Bedürfnisse eines normalen jungen Mannes Anfang Dreißig, und dieser Trieb könnte ihn durchaus zur Sünde verleiten. Aber Harry hat es sich zur Aufgabe gemacht, mit bedürftigen Menschen in den Innenstädten zu arbeiten. Er berät unzählige Teenager, organisiert sportliche Aktivitäten, hält Bibelstunden, arbeitet mit Eltern von Problemkindern, wirkt bei Haus-zu-Haus-Evangelisationen mit und leitet Programme für Kinder mit dem Ziel, den kulturellen Horizont benachteiligter Stadtkinder zu erweitern. Er leitet ein begeistertes Team von Mitarbeitern, die von seiner Liebe zu Menschen und seinem kraftvollen Arbeitsstil profitieren und angesteckt werden.

Das alles ist nicht einfach nur eine Flucht vor seinem wahren geschlechtlichen Ich. Es ist ein befriedigender Lebensstil, der es ihm ermöglicht, sein fehlendes Sexualleben zu kompensieren. Er gesteht ohne weiteres ein, daß er für einen Mann seines Alters einen normalen Sexualtrieb hat, aber die Befriedigung, die ihm sein Dienst an anderen einbringt, macht den Mangel an sexueller Betätigung wett. Harry hat seine sexuellen Energien wirklich erfolgreich sublimiert. Das heißt nicht, daß er nicht hin und wieder sexuell frustriert ist, aber die Frustration, die er erlebt, kann er auf positive Weise handhaben.

Man muß nicht unbedingt Missionar werden oder eine Mutter Teresa sein, um sexuelle Energien zu sublimieren. Aber es ist sehr wichtig, daß Sie Ihre primäre Beschäftigung im Leben emotional befriedigt. Dieser überaus wichtige Punkt wird allzuoft nicht beachtet. Wenn Ihre Arbeit Sie psychisch erfüllt, dann werden Sie feststellen, daß das Ausmaß Ihrer sexuellen Unzufriedenheit relativ gering ist.

Erich Fromm zeigt in seinem Buch *Die Kunst des Liebens*, daß ein Großteil sexueller Unzufriedenheit und sexuell abweichenden Verhaltens daher rührt, daß Arbeiter nicht das Gefühl haben, am Arbeitsplatz etwas Schöpferisches zu leisten oder zum Wohle anderer beizutragen.

Ich greife auf diese Aussage von Fromm oft zurück, wenn ich Menschen berate, die sexuell unbefriedigt sind. In einem speziellen Fall begleitete ich einen Mann, der in einer Zigarettenfabrik arbeitete. Diese Arbeit war nicht nur extrem monoton und ließ keinerlei Freiraum für Kreativität oder handwerkliches Können, sondern der Mann war sich auch noch der Tatsache bewußt, daß er an der Herstellung eines gesundheitsgefährdenden Produktes beteiligt war. Im Laufe unserer Gespräche konnte ich dem Mann helfen zu erkennen, daß es möglicherweise einen Zusammenhang gab zwischen der Tatsache, daß er seine Arbeit als unbefriedigend erfuhr, und der fehlenden sexuellen Erfüllung in seiner Ehe. Schritt für Schritt kamen wir zu der Erkenntnis, daß dieses Gefühl der Leere und Unzufriedenheit, das er auf sein unerfülltes Sexualleben schob, eigentlich durch seine Arbeit hervorgerufen wurde.

Diese Geschichte hatte ein Happy-End. Der Mann kündigte seine Stelle und wurde Automechaniker. Er hatte mir gestanden, daß er schon immer Mechaniker hatte werden wollen, aber nie einen Ausbildungsplatz bekommen habe, um in dieser Richtung arbeiten zu können. Auf etwas Drängen von mir und seiner Frau besuchte er jedoch eine Abendschule und lernte das Handwerk, das er schon immer hatte ausüben wollen. Heute gehört er zu den ehrlichen Automechanikern, die unzähligen Menschen das Leben erleichtern. Und außerdem hat die Befriedigung, die ihm sein neuer Beruf verschafft, in bezug auf sein Sexualleben Wunder gewirkt.

Vielleicht klingt die Argumentation ein wenig merkwürdig, aber ich glaube, daß Fromm im wesentlichen recht hat. Wenn man sexuell angespannt und unbefriedigt ist, dann versucht man möglicherweise, sexuelle Befriedigung zu benutzen, um Entfremdung und Leere zu kompensieren, die von einer sinnlosen Arbeit herrühren. Vielleicht ist es für Sie schwierig, die Stelle zu wechseln, aber wenn Ihre Arbeit Sie emotional und psychisch aufreibt, wären Sie töricht, nicht alles zu unternehmen, um eine andere Beschäftigung zu finden. Wenn man an einem Arbeitsplatz bleibt, der einen anödet oder aufreibt, kann leicht sexuelles Glück zerstört werden.

Sollte ein Arbeitswechsel nicht möglich sein, ist es außerordentlich wichtig, möglichst viel Freizeit mit kreativen, erfüllenden Dingen zu verbringen. Vielleicht genügt schon ein Hobby, aber wahrscheinlicher ist doch, daß sich die Leere, die Sie empfinden, nur durch etwas füllen läßt, das positive Auswirkungen auf andere hat.

Vielleicht sollten Sie mit Ihrem Seelsorger über Möglichkeiten sprechen, wie Sie zum Wohl anderer Menschen beitragen können. Die Kirche mag viele Fehler haben, aber sie verfügt über mehr Möglichkeiten als andere Institutionen, anderen Menschen Gutes zu tun. Das geht von Besuchsdiensten für kranke und einsame Menschen bis hin zur Mitarbeit in Kindergottesdienst und Sonntagsschule, die in dieser Welt etwas verändern können.

Aber auch außerhalb der Gemeinden gibt es Möglichkeiten. Krankenhäuser, Umweltgruppen und politische Gruppierungen brauchen Mitarbeiter. Schauen Sie sich einmal um: Es gibt so viele sinnvolle Aufgaben, die getan werden wollen. Engagieren Sie sich für eine Sache, von der Sie wirklich überzeugt sind. Sie werden gebraucht, und wer weiß, vielleicht werden Sie von Ihren schlimmsten Versuchungen befreit, während Sie sich für andere engagieren. Es ist in jeder Lebensphase von entscheidender Bedeutung, unseren Sexualtrieb zu verstehen und zu sublimieren. Jüngste Forschungsergebnisse deuten darauf hin, daß die meisten Menschen den größten Teil ihres Lebens sexuell aktiv sind (zumindest jedoch sexuelles Interesse haben). Eine Frau kann mit 70 durchaus ebenso starke sexuelle Neigungen haben wie ein siebzehnjähriges Mädchen. Vielleicht ist das eine schockierende Information für all diejenigen, die bisher der Meinung waren, daß mit dieser Angelegenheit ein für alle Male Schluß ist, wenn man erst einmal die mittleren Jahre erreicht hat.

Andererseits nimmt das sexuelle Interesse und der Sexualtrieb der Männer im Alter stark ab. Es ist jedoch nicht alles verloren. Wissenschaftler gehen davon aus, daß ein Mann bis zum Tag seines Todes sexuell aktiv bleiben kann, wenn er eine verständnisvolle Partnerin hat. Vielleicht bekommt die Frau im Herbst des Lebens in sexueller Hinsicht nicht mehr alles von ihrem Mann, was sie sich wünscht, aber die Liebe kann eine Fülle von Unzulänglichkeiten zudecken und dafür sorgen, daß beide Partner mit dem Leben zufrieden sind.

Vielleicht können diese Gedanken über Sublimation Ihr persönliches Problem nicht angemessen lösen. Vielleicht stellen Sie fest, daß Sie mit einem gewissen Maß an sexueller Frustration leben müssen und daß Sie vielleicht niemals die völlig befriedigte Person werden, die Ihnen die Selbsthilfeliteratur aus der Bahnhofsbuchhandlung zu werden verspricht. Aber den völlig befriedigten Menschen gibt es nicht. Wenn es ihn gäbe, bräuchte es kein Paradies zu geben. Wir bekommen nur ein Stück von dem Kuchen. Es gibt immer dieses bißchen Mehr, das wir uns vom Leben wünschen und nicht bekommen können. Angesichts dieser Realität müssen wir lernen, das hinzunehmen, was wir nun einmal nicht ändern können. Frustration ist keine Folter. Wir können auch dann ein relativ befriedigtes Leben führen, wenn unser sexueller Hunger nicht vollständig gestillt wird. In dieser Welt ist man mit großen sexuellen Versuchungen konfrontiert und vielleicht auch mit einem erheblichen Maß an sexueller Frustration. Aber Sie können guten Mutes sein. Die gute Nachricht des Evangeliums besagt, daß Jesus das, womit Sie auf dieser Welt konfrontiert werden, bereits überwunden hat. Mit seiner Hilfe können Sie damit fertig werden, nicht alles zu bekommen, was Sie wollen, und trotzdem glücklich werden.

5. Sollten wir unsere Kinder aus staatlichen Schulen herausnehmen?

Vielleicht sollte ich auf diese Frage am besten antworten: »Das kommt darauf an.« Meine Frau und ich haben zwei erwachsene Kinder. Wir wünschten, wir hätten das eine auf ein christliches Gymnasium geschickt. Das andere hat sehr vom Besuch einer staatlichen Schule profitiert. Als wir aber damals vor der Frage standen, taten wir, was wir zu dem Zeitpunkt für richtig hielten. Und wir haben für die Entscheidung gebetet. Aber rückblickend sind wir eben doch nicht sicher, ob wir damals richtig entschieden haben.

Die Vorteile für Kinder auf christlichen Schulen sind bekannt.

Als erstes werden Kinder von ihren Lehrern geprägt und empfinden diese in einem bestimmten Alter eher als Quelle der Wahrheit und Autorität als die eigenen Eltern. Jeder kennt noch von seinem Kind die Erwiderung: »Mein Lehrer/meine Lehrerin sagt aber . . .« Weil Lehrer so einen Einfluß auf Kinder haben, ist es sehr gut, wenn sie Christen sind.

Zweitens wird das grundlegende Weltbild von Jungen und Mädchen durch Erlebnisse in der Schule stark beeinflußt, wenn nicht gar bestimmt. Ob sie das Leben als etwas mit einem Sinn begreifen, ob sie den Menschen als Schöpfung Gottes betrachten, das alles sind wichtige Bestandteile des Weltbildes, das sich in den prägenden Jahren der Schulzeit ausbildet. Die Verkündigung des christlichen Glaubens ergibt für junge Menschen nur dann einen Sinn, wenn sie mit dem Weltbild vereinbar erscheint, das sie als gegebene Realität akzeptieren. Wollen wir unsern Kindern ein Weltbild vermitteln, das sich mit dem Glauben an Gott und mit biblischen

Offenbarungen verträgt, ist es eine große Hilfe, wenn Kinder ihr Weltbild unter der Anleitung von Lehrern entwickeln, die selbst Christen sind.

Drittens kann man argumentieren, daß eine ganzheitliche Erziehung nicht in einem Schulsystem stattfinden kann, das aus öffentlichen Mitteln einer pluralistischen Gesellschaft finanziert wird. Dann müssen Informationen ausgeschlossen werden, die besondere religiöse Interessen entweder fördern oder mißachten. Zum Beispiel kann an einer staatlichen Schule bei der Behandlung der Reformation nicht zum Glauben aufgerufen werden. Und viele Christen werden den Sexualkundeunterricht in staatlichen Schulen nicht gutheißen, wenn allein die biologische Ebene behandelt wird und nicht die Einbettung der Sexualität in Liebe und Treue.

Aufgrund dieser Einschränkungen können Christen zu Recht die Frage stellen, ob die Voraussetzung für eine gute Ausbildung nicht Schulen sind, die Glauben und Wissensvermittlung miteinander verbinden. Sie müssen sich fragen, ob Sie Ihren Kindern eine grundlegende Bildung vorenthalten, wenn Sie sie auf staatliche Schulen schicken.

Solche Argumente können mit Überzeugung vorgebracht werden. Dazu kommen noch die Warnungen von überbesorgten Menschen hinzu. Diese Zeitgenossen sorgen dafür, daß die Eltern am Ende richtig Angst bekommen, ihre Kinder auf staatliche Schulen zu schicken.

Manche warnen davor, daß das staatliche Schulsystem einen antichristlichen, säkularen Humanismus verbreitet. Als Beweis für eine antichristliche Parteilichkeit führt man an, daß in Biologie meist die Evolutionstheorie gelehrt wird, ohne den Schöpfungsglauben (demzufolge Gott den Menschen ohne jeglichen Selektionsprozeß geschaffen hat) entsprechend zu behandeln. Dann müssen nur noch die Stichworte Gewalt, Alkohol und Drogen fallen – und schon verbinden sich die meisten Schrecken der modernen Gesellschaft mit den staatlichen Schulen.

Manche Argumente überbesorgter christlicher Eltern nehmen bei uns in den USA abwegige Dimensionen an, besonders bei den Extremisten, die das gesamte öffentliche Schulsystem als von Kommunisten unterwandert betrachten. Ich bin immer wieder erstaunt, wie viele scheinbar vernünftige Menschen solche Ansichten hegen und schließlich das öffentliche Schulsystem als eine Art dämonisches Komplott gegen das angeblich christliche Amerika betrachten.

Ich bin keineswegs davon überzeugt, daß die Entscheidung des Obersten Gerichtes der Vereinigten Staaten, das Schulgebet und die Andachten in öffentlichen Schulen abzuschaffen, eine solche Katastrophe ist, für die sie manche meiner Kollegen im christlichen Dienst halten. Ich habe eine öffentliche Schule im Schulbezirk von Philadelphia vor diesem Beschluß des Obersten Gerichtes besucht und kann mich vage daran erinnern, an solchen »religiösen Übungen« (wie sie in der Schule genannt wurden) teilgenommen zu haben. Vielleicht haben sie Eindrücke hinterlassen, die ich nicht bewußt wahrgenommen habe. Aber meine Erinnerung an diese religiösen Vorspiele vor dem »richtigen« Lernen könnte durchaus die Behauptung rechtfertigen, daß die Angelegenheit eher eine entgegengesetzte Wirkung hatte. Ich erinnere mich, daß manche Kinder miteinander schwatzten, während aus der Bibel vorgelesen wurde. Oft mußte ein Schüler vorlesen, damit der Lehrer in der Zeit schon die Anwesenheit feststellen und die Eintragung ins Klassenbuch vornehmen konnte. Während des Gebetes herrschte alles andere als Ehrfurcht.

Alles in allem dienten die »religiösen Übungen« - jedenfalls soweit ich mich an sie erinnern kann - dazu, Religion belanglos zu machen. Die Art, wie sie gehandhabt wurden, ließen das Geheiligte als etwas erscheinen, das wir über uns ergehen lassen mußten, aber nicht ernst zu nehmen brauchten.

Der dänische Philosoph und Theologe Sören Kierkegaard hat einmal gesagt: »Es gibt Menschen, die können so überzeugend lügen, daß die Leute meinen, sie sagten die Wahrheit. Aber viel gefährlicher sind diejenigen, die die Wahrheit so erzählen, daß alle Leute der Meinung sind, sie lögen.« Genau das trifft auf meine Erfahrungen mit dem Schulgebet zu. Hin und wieder wurden wir ermahnt, besser aufzupassen, weil das, was dort gelesen oder gesagt werde, wichtig sei. Aber die Art, wie die Wahrheit Gottes aus der Bibel vorgelesen wurde, hinterließ bei den meisten von uns den Eindruck, daß es sich dabei um nichts Bedeutsames handelte.

Wer für obligatorisches Bibellesen in staatlichen Schulen eintritt, bedenkt dabei nicht, was dies für Gegenden bedeutet, wo Christentum und Judentum nicht die vorherrschenden Religionen sind. In Utah beispielsweise, wo überwiegend Mormonen leben, müßten Jungen und Mädchen aus evangelikalen Gemeinden tägliche Lesungen aus dem Buch Mormon über sich ergehen lassen. Ich weiß nicht, welchen Eindruck das wohl bei ihnen hinterlassen würde. Aber ich würde es vorziehen, wenn so etwas nicht gemacht würde. Auf Hawaii überwiegt der buddhistische Glaube; dort müßten dann christliche Kinder möglicherweise jeden Tag Lesungen aus den Upanishaden hören.

Ich persönlich finde, daß christliche Familien jeden Morgen zusammen in der Bibel lesen und beten sollten, bevor die Kinder zur Schule gehen. Wenn das nicht möglich ist, sollte eine andere Zeit für gemeinsames Bibellesen und Gebet festgesetzt werden. Das würde jeden Mangel, der möglicherweise aufgrund des Urteils des Obersten Gerichtes über Religion an staatlichen Schulen auftreten könnte, mehr als wettmachen.

Natürlich könnten meine negativen Erfahrungen mit dem Bibellesen in staatlichen Schulen auch als weiteres Argument zugunsten christlicher Schulen genutzt werden. Kinder würden immer von der Zeit profitieren, die sie mit Bibellesen verbringen, unabhängig davon, ob sie die Bibel auch zu Hause kennenlernen oder nicht. Christliche Schulen könnten für diese Einübung sorgen, die von wesentlicher Bedeutung ist, wenn man einem Kind einen guten Start ins Leben ermöglichen will.

Da stimme ich völlig zu! Ich glaube nur einfach nicht, daß die Abschaffung des Bibellesens und des Schulgebets an öffentlichen Schulen in Amerika ein so großer Verlust ist. Es gibt Politiker, die daraus eine große Sache gemacht haben, um Wählerstimmen aus dem evangelikalen Lager zu gewinnen. Einige Fernsehprediger haben das Thema ausgenutzt, um viel Geld für ihre Arbeit zu sammeln. Sie behaupteten, sie könnten dadurch helfen, Amerika zu retten, indem sie die Bibel wieder in die öffentlichen Schulen bringen würden. Die Amerikaner wissen, daß in Amerika irgend etwas schiefgelaufen ist, und sie haben Angst vor der Zukunft. Leider können Demagogen diese Angst leicht ausspielen, um finanzielle und politische Unterstützung zu bekommen, indem sie die stark vereinfachte Lösung propagieren, daß täglich ein paar Minuten Bibellesen in der Schule viel dazu beitragen würde, unserer Nation wieder zu der Größe zu verhelfen, von der wir meinen, daß sie sie einst gehabt hat.

Bevor ich Argumente dafür vorbringe, Kinder auf staatlichen Schulen zu lassen, möchte ich darauf hinweisen, daß ich Gründer eines Dienstes für benachteiligte Großstadtkinder bin. Wir wollen die Einrichtung einer christlichen Schule für sie erreichen. Im Rahmen dieser Arbeit (der *Evangelical Association for the Promotion of Education)* versuchen wir, Jungen und Mädchen aus Großstadt-Ghettos mit dem Evangelium zu erreichen. In einigen Bezirken, in denen wir arbeiten, bekommen über 70 Prozent der Kinder keinen Schulabschluß, und die meisten, die einen Hauptschulabschluß erreichen, sind funktionale Analphabeten, die inzwischen Lesen und Schreiben wieder verlernt haben. Über 90 Prozent der Schwangerschaften entfallen auf unverheiratete Teenager. Die meisten Kinder in diesen Gegenden leben in Ein-Eltern-Familien, wo es absolut keine christliche Erziehung gibt. Drogen gibt es dagegen, und die allgemeinen Strukturen lassen den Kindern wenig Chancen, diesem katastrophalen Leben jemals zu entkommen.

Jahrelang sind unsere Mitarbeiter mit diesen Großstadtkindern ganz traditionell umgegangen. Sie haben Bibelclubs angeboten, Sportmöglichkeiten, christliche Sommercamps und so weiter. Hunderte von Jungen und Mädchen sowie viele Teenager entschieden sich für Jesus Christus. Aber im Laufe der Zeit stellten wir fest, daß die meisten Neubekehrten dem antichristlichen Druck nicht standhalten konnten, der so sehr Teil ihres Zuhauses und ihres Umfeldes war. Diese neuen Christen wurden ganz einfach von negativen Kräften überwältigt, die überall vorzuherrschen schienen.

Aus lauter Frustration gründeten wir die *Cornerstone Christian Academy*. In dieser Schule können wir die Jungen und Mädchen, die wir zu Jesus Christus geführt haben, auch weiterhin begleiten. Dies geschieht in einer Atmosphäre, die einen christlichen Lebensstil und christliche Wertebildung fördert. Wir betrachten die amerikanischen Ghettos als Missionsfeld und die Cornerstone Christian Academy als Missionsschule. Die Lehrer an dieser Schule werden von ihren Heimatgemeinden als Missionare ausgebildet, und manche von ihnen werden von ihren Heimatgemeinden auch finanziell unterstützt. Wir bemühen uns um Sponsoren aus den reichen Vorstadt-Gemeinden, um das Schulgeld für die Kinder zusammenzubekommen. Wenn Leute bereit sind, die Ausbildung und Erziehung von Kindern in Entwicklungsländern zu finanzieren, sollten sie auch die Ausbildung amerikanischer Ghettokinder unterstützen, die genau so sehr christliche Förderung brauchen.

Wir möchten in Philadelphia so weit kommen, daß wir den Verantwortlichen des öffentlichen Schulsystems anbieten können, ihre Problemkinder und schwierigen Jugendlichen aufzunehmen. Wir möchten sagen können: »Wir sind es, die die Steine aufsammeln, die von anderen verworfen worden sind, und mit ihnen wollen wir die Ecksteine der neuen Gemeinden in den Ghettos legen.« Wir müssen als Christen zur Stelle sein, um die »hoffnungslosen Fälle« des Systems aufzulesen und ihnen zu helfen, so zu werden, wie Gott sie haben möchte.

Wenn wir unsere Kinder aus staatlichen Schulen herausnehmen und sie auf christliche Schulen schicken, fügen wir dadurch dem staatlichen Schulsystem großen Schaden zu. Man nimmt Kinder aus christlichen Familien dort fort, wo sie dringendst gebraucht werden. Kinder können Zeugen für Christus sein und so als Gottes Sauerteig in den Schulen wirken. Wenn diese Kinder aus den staatlichen Schulen herausgenommen werden, gehen damit viele der ausgeglichensten Schüler aus dem System heraus und lassen Lehrer mit den schwierigen Schülern zurück. Mir ist klar, daß in einer solchen Aussage eine Menge Wertung steckt, aber solche Behauptungen könnten durch empirische Untersuchungen gestützt werden.

Außerdem: Christliche Eltern werden dringend in den Elternvertretungen staatlicher Schulen gebraucht. Sie können darauf Einfluß nehmen, daß der Unterricht anständig abläuft und das Unterrichtsniveau angemessen ist. Christen können viel in Bewegung setzen. Christliche Eltern sollten das staatliche Schulsystem deshalb nicht im Stich lassen. Bei uns in den Vereinigten Staaten werden zudem die meisten armen Kinder niemals die finanziellen Mittel haben, um eine christliche Privatschule zu besuchen, vorausgesetzt, sie wollen das überhaupt. Laut einer Untersuchung des *Free Enterprise Institute* in Washington D.C. werden 30 Prozent aller Kinder, die in den 80er Jahren geboren wurden, in Armut aufwachsen, und ihre einzige Chance, überhaupt eine Ausbildung zu bekommen, wird das staatliche Schulsystem sein. Wir Christen können nicht einfach unsere Kinder pakken und weglaufen.

Unsere Verantwortung als Christen erfordert, daß wir mit dem staatlichen Erziehungssystem in Verbindung bleiben, auch wenn wir den Eindruck haben, daß für unsere eigenen Kinder eine christliche Privatschule besser geeignet wäre. Es gibt beispielsweise in Pittsburgh eine Gruppe von Gemeindeleitern, die etwas an den staatlichen Schulen ändern möchten. Im Rahmen eines Programms unter dem Titel »Cities in Schools« entsenden sie Christen als Berater für Problemschüler in die Schulen. Die Schuldirektoren stellen diesen speziell ausgebildeten Beratern Büroräume in ihren Schulen zur Verfügung.

Kinder mit den schlimmsten Problemen werden an diese Berater verwiesen. Zu ihnen kommen die »Burnouts« und »Drogies«, die Unverbesserlichen, die von normalen Lehrern an Schulen als hoffnungslose Fälle betrachtet und behandelt werden. Die Erfolge mit dieser neuen Vorgehensweise sind beachtlich.

Diese Beratungslehrer wandern auf einem schmalen Grat, wenn sie nicht den Grundsatz der Trennung von Staat und Kirche verletzen wollen. Sie dürfen mit den Kindern nicht über Jesus Christus sprechen, solange sie sich auf dem Schulgelände aufhalten. Aber diese Lehrer unternehmen einiges, um ihnen auch auf inoffiziellen Wegen nachzugehen. In ihrer Freizeit und außerhalb der Schule können sie die Hoffnung des Glaubens in so manches Leben hineinbringen. Das »Cities in Schools«-Programm gibt es an über siebzig Schulen im Raum Pittsburgh, und dieses Modell soll inzwischen auch in anderen amerikanischen Städten übernommen werden. »Cities in Schools« ist ein hervorragendes

Beispiel für engagierte Christen, die etwas im staatlichen Schulsystem bewegen.

Zu dem Thema christliche Privatschule oder staatliche Schule gäbe es sicherlich noch einiges zu sagen.* Ich habe keine eindeutige Lösung für diese kontrovers diskutierte Frage. Jede Entscheidung muß die Persönlichkeit und die Bedürfnisse des einzelnen Kindes berücksichtigen.

Es muß uns immer bewußt sein, daß das staatliche Schulsystem ein Teil der Welt ist und daß Gott seinen Sohn gesandt hat, um es zu retten und zu erlösen.

So gesehen dürfen Christen das staatliche Schulsystem nicht im Stich lassen. Wir müssen uns dafür engagieren, es so umzugestalten, wie Gott es will. Wenn wir unsere Kinder aus den staatlichen Schulen herausnehmen, kann das dieses Engagement behindern. Wenn keine Kinder aus christlichen Familien in staatlichen Schulen sind, schwächt dies den christlichen Einfluß auf den Unterricht und auf außerschulische Aktivitäten.

Eines steht jedenfalls fest: Die allgemeine Qualität staatlicher Schulen muß besser werden, oder viele werden ihre Kinder aus diesen Schulen herausnehmen, um ihnen ganz einfach bessere Ausbildungs- und Lernmöglichkeiten zu schaffen. Die stetige Verschlechterung der staatlichen Bildung sollte uns alle alarmieren. Wir müssen sorgsam prüfen, ob diese Verschlechterung fortschreitet, wenn wir unsere Kinder aus staatlichen Schulen herausnehmen, bzw. es nicht tun. Wir dürfen dabei nicht nur überlegen, was für unsere eigenen Kinder am besten ist, sondern was das beste für alle Kinder ist.

* Anders als in den USA kann in Deutschland zwischen mehreren privaten und staatlichen Schulmodellen gewählt werden. Neben Schulen der großen Kirchen und Freien christlichen Schulen gibt es zum Beispiel Montessori-, Waldorf-, Hermann-Lietz-Schulen u.v.m., von denen nur einige dem christlichen Menschenbild folgen. (Anm. d. Übers.)

Unser Engagement für die öffentliche Bildung muß allerdings auch Grenzen haben. Wir dürfen nicht zulassen, daß unsere Kinder zu Opferlämmern für ein öffentliches Erziehungssystem werden, das dringend erlösende Einflüsse braucht. Ein guter Freund mußte dies einsehen und seinen Sohn aus einer staatlichen Schule herausnehmen, um ihn auf eine christliche Privatschule zu schicken.

Der Freund war zusammen mit fünf anderen christlichen Familien in eine heruntergekommene Gegend von Philadelphia gezogen, und zwar mit dem erklärten Ziel, dort als Zeuge für Gott und das Evangelium aktiv zu sein. Er ging davon aus, daß sie sich in unterschiedlichen Institutionen und Organisationen in dem Vorort engagieren und dort biblische Maßstäbe anwenden würden.

Meinem Freund lag besonders viel daran, daß sein Sohn die staatliche Schule im Stadtteil besuchte, damit er so das Recht hatte, Übel und Unzulänglichkeiten dort anzupacken. Allerdings hatte mein Freund nicht berechnet, welchen Preis sein Sohn für all das zahlen mußte. Der Junge, ein hochsensibles Kind, wurde täglich verprügelt, Gangs erpreßten Schutzgeld von ihm, von Tag zu Tag wurde er in sich gekehrter und nervöser. Er hatte regelmäßig Alpträume, und es wurde immer deutlicher, daß er den Verhältnissen nicht gewachsen war. Schließlich blieb keine andere Wahl, als ihn aus der Schule herauszunehmen und auf eine Privatschule zu schikken, wo er gefahrlos lernen kann.

Wenn die negativen Auswirkungen der Schule so schwerwiegend sind, daß das Kind nicht mehr damit fertig werden kann, muß es zu seinem eigenen Schutz von der Schule genommen werden.

Das mag zwar ein Verlust für das missionarische Anliegen der Familie sein, aber es ist von entscheidender Bedeutung zu erkennen, daß die Eltern in erster Linie ihren eigenen Kindern verpflichtet sind.

Aber auch die besten christlichen Schulen sind nicht perfekt. Auch Kinder an christlichen Schulen können mit Drogen und zerstörerischem Sexualverhalten in Berührung kommen. Ich kenne eine Familie, die ihre Tochter von einer christlichen Privatschule heruntergenommen hat, um sie von ihren »wilden« Freunden fernzuhalten.

Kinder sind einzigartige Individuen, und jede Schule hat ihren ganz eigenen Charakter. Das eine Kind profitiert vielleicht sehr von den Erfahrungen an staatlichen Schulen. Genauso ist es aber auch möglich, daß ein Kind an einer christlichen Schule vom Glauben an Jesus Christus abgeschreckt wird, weil es den Eindruck hat, daß ihm der christliche Glaube aufgezwungen wird. Zu dieser Frage kann ich keine eindeutige Antwort geben, weil es keine allgemeingültige gibt. Keine Antwort ist für jedes Kind und jede Schule richtig. Um es mit den Worten des Apostels Paulus zu sagen: Wir müssen an unseren Antworten zu diesem Thema – wie zu jedem anderen Thema – mit Furcht und Zittern arbeiten (Philipper 2,12).

6. Kommen reiche Leute in den Himmel? (Oder: Darf ein Christ einen Porsche besitzen?)

Jesus hat gesagt, daß es für die Reichen schwer werden würde: »Es ist leichter, daß ein Kamel durch ein Nadelöhr gehe, als daß ein Reicher ins Reich Gottes komme« (Markus 10,25).

1984 war ich in Afrika, in der Sahel-Zone südlich der Sahara, wo Dürre und Versteppung (die langsame Umwandlung von urbarem Land in Wüste) herrschen und verheerende Folgen haben. In einem Dorf sah ich, was die meisten von uns nur aus Sondersendungen im Fernsehen kennen. Ich sah Kinder mit ihren aufgeblähten Bäuchen, und diese Bäuche waren nicht dick von zu viel Essen, sondern vom Hunger. Ich sah diese Kinder, die durch Unterernährung und Durchfall so geschwächt waren, daß sie nicht einmal mehr die Fliegen aus ihren müden, tränenden, entzündeten Augen verscheuchen konnten. Auf dieser Reise wurden all die Bilder, die uns durch Spendenaufrufe für Kinderhilfswerke im Fernsehen vertraut geworden sind, für mich zur lebendigen Wirklichkeit.

In einer solchen Situation versucht man instinktiv, das Unannehmbare einfach zu akzeptieren, um seelisch zu überleben. Aber ein Erlebnis riß mich aus dieser So-ist-das-eben-Haltung, mit der ich schnell gelernt hatte, diesen Horror überhaupt ansehen zu können. Ich erlebte das Sterben eines kleinen Jungen mit. Seine Mutter wiegte ihn, versuchte, ihn mit ihrem klagenden Singsang zu beruhigen. Plötzlich hörte er auf, zu atmen. Sein schmächtiger Körper mit der ausgetrockneten Haut, die über den Knochen spannte, wurde ganz schlaff in ihren Armen. Ihre Klagelaute wurden zu Schreien und schließlich zu einem Wimmern. Und das alles passierte direkt vor meinen Augen.

Wer mich kennt, erwartet von mir, daß ich meine Erörterung über Christsein und Reichtum mit einer solchen Geschichte beginne. Ich kann förmlich hören, wie die etwas Zynischeren unter Ihnen sagen: »Da haben wir es ja wieder – er benutzt Schuldgefühle, um uns dazu zu bringen, Geld für die Armen zu spenden.«

Ich werde nicht zu Unrecht so kritisiert. Wenn die Anklage lautet: Versuch, Menschen zur Sündenerkenntnis zu bringen, damit daraus die echte Umkehr folgen kann, dann bin ich bereit, mich anklagen zu lassen. Wenn es Manipulation von Schuldgefühlen ist, reichen Christen Unbehagen zu bereiten, weil sie im Überfluß leben und gleichzeitig den verzweifelt Armen auf dieser Welt den Rücken kehren, dann bekenne ich mich schuldig. Schuldgefühle sind eine angemessene Reaktion auf Sünde. Und es ist durchaus Sünde, wenn manche haufenweise Zeugs kaufen, das sie nicht brauchen, nicht benutzen und sich nicht einmal daran freuen, während sie über Menschen einfach hinweggehen, deren Grundbedürfnisse ungestillt bleiben.

Der Apostel Johannes fragt: »Wenn aber jemand dieser Welt Güter hat und sieht seinen Bruder darben und schließt sein Herz vor ihm zu, wie bleibt dann die Liebe Gottes in ihm? Meine Kinder, laßt uns nicht lieben mit Worten noch mit der Zunge, sondern mit der Tat und mit der Wahrheit« (1. Johannes 3,17-18).

Im Dezember 1987 durfte ich auf dem großen Urbana Missionskongreß sprechen, der von der *InterVarsity Christian Fellowship* veranstaltet wurde. Im Laufe meiner Ansprache vor über 18.000 Studenten, die zu dieser historischen Versammlung zusammengekommen waren, stellte ich die eher rhetorische Frage: »Darf ein Christ einen Porsche besitzen?«

Vorher hatte ich darauf hingewiesen, daß Christen Leute sind, die tun, was Jesus an ihre Stelle täte. Außerdem hatte ich deutlich gemacht, daß Jesus heutzutage wahrscheinlich auf ein Auto angewiesen wäre. Aber wenn er 35.000 Dollar übrig hätte, würde er sie meiner Meinung nach nicht für ein Luxusauto ausgeben, wenn Menschen in manchen Ländern der Dritten Welt einfach verhungern. Ich behauptete, Jesus würde wahrscheinlich einen sogenannten zuverlässigen Wagen zu einem vernünftigen Preis kaufen, um mit dem restlichen Geld armen Menschen zu helfen.

Die Studenten quittierten meine Ausführungen mit zustimmendem Applaus. Leider waren einige Pastoren und Eltern zu Hause nicht so begeistert. Im Laufe der folgenden Monate erhielt ich etliche wütende, aber auch vernünftige Briefe, in denen meine Aussagen hinterfragt wurden.

Es war und ist nicht mein Hauptanliegen, speziell Porsche-Besitzern Schuldgefühle zu injizieren. Ich möchte auch nicht, daß die, die eine Schwäche für andere Luxusgüter haben, ihren Schuldgefühlen einfach ausweichen können.

Ich benutze den Porsche als Symbol für die Art des Geldausgebens, in das wir alle durch eine konsumorientierte Gesellschaft hineingelockt werden.

Der amerikanische Wirtschaftswissenschaftler Thorsten Veblen benutzt den Ausdruck »auffälliger Konsum«. Er besagt, daß bestimmte Gegenstände, darunter auch Autos, oft nur als Statussymbol erworben werden, anstatt einen Zweck oder ein wirkliches Bedürfnis zu erfüllen. Christen werden genau wie alle anderen manipuliert, damit sie künstlich erzeugte Wünsche befriedigen, während sie gleichzeitig die grundlegenden Bedürfnisse der Elenden dieser Welt übersehen.

Junge Leute wissen das, ebenso wie die nicht mehr ganz so jungen Zeitgenossen. Aber es läßt sich mit dem abstrakten Wissen leichter leben als mit dem konkreten Unbehagen, das entsteht, wenn ein bestimmter Gegenstand wie beispielsweise der Porsche ins Spiel gebracht wird. Vielleicht hätte ich den jungen Leuten auf dem Kongreß zum Abschluß die Frage stellen sollen: »Was ist euer Porsche?« Es ist wichtig, daß ihr wißt, was es ist. Manche, die diese Analyse und die Schlußfolgerungen hören, was es bedeutet, heutzutage Jesus nachzufolgen, werden vielleicht fragen: »Und wo zieht man da die Grenze? Wenn es falsch ist, einen Porsche zu kaufen, kann man dann nicht auch genauso gegen den Kauf eines Fords argumentieren? Warum nicht einen gebrauchten Ford kaufen statt eines neuen? Wenn es falsch ist, einen Anzug von *Hugo Boss* zu kaufen, müssen wir dann nicht alles in Frage stellen, was über einen Anzug aus einem Second-Hand-Laden hinausgeht?«

Der Apostel Paulus sagt, daß sich die Kinder Gottes bei ihren Aktivitäten und Entscheidungen im Alltag vom Heiligen Geist leiten lassen: »Denn welche der Geist treibt, die sind Kinder Gottes« (Römer 8,14).

Also sollte jeder Gottes Willen gehorchen, wie wir ihn aus der Bibel, durch Mitchristen, im Gebet und durch andere Impulse erkennen können. Leider sind die meisten Menschen weniger von diesen göttlichen Eingebungen geprägt als von der Fernsehwerbung und dem Konsumstil, die von der vorherrschenden Kultur diktiert werden. Unser Kaufverhalten unterliegt weit mehr der Kontrolle der Medien als der Herrschaft Christi. Als Christen sollen wir Geld so ausgeben, wie Christus es getan hätte, also so, wie Gott es vorgesehen hat.

Sinnbild für einen derzeitigen Konsumtrend sind die »Yuppies«, junge Erwachsene, die beruflich sehr erfolgreich sind und deren Hauptziel die weitere berufliche Karriere mit weitgehenden Konsummöglichkeiten darstellt. Selbst eine oberflächliche Untersuchung legt nahe, daß die Mehrheit von ihnen nur ein geringes soziales Bewußtsein und Engagement hat, in Beziehungen unverbindlich bleibt, wenig Emotionalität zeigt und bei allem hauptsächlich daran interessiert ist, was unter dem Strich für sie herauskommt. Der Inbegriff dieses Lebensstils ist der Name eines gefragten Parfüms: »Egoïste«. Man kann sich nicht gleichzeitig dieser geschilderten Philosophie anschließen und mit der folgenden Beschreibung Jesu von einem christlichen Leben übereinstimmen:

»Darum sage ich euch: Sorgt nicht um euer Leben, was ihr essen und trinken werdet; auch nicht um euren Leib, was ihr anziehen werdet. Ist nicht das Leben mehr als die Nahrung und der Leib mehr als die Kleidung?« (Matthäus 6,25)

Manche werden mich für einen Spielverderber halten und mir vorwerfen, ich sei wie Judas, der alle verschwenderischen Ausgaben verurteilte, wenn man mit dem Geld auch den Armen zu Essen verhelfen konnte (Johannes 12,3-8). Diese Kritiker behaupten, daß ich im Leben keinen Freiraum lasse, um ausgiebig zu feiern. Diese Argumentation verursacht mir immer Probleme - vor allem der Teil, in dem meine eigene Einstellung (und das auch noch einigermaßen treffend) mit der des Mannes verglichen wird, der Jesus verraten hat. (Bitte beachten Sie jedoch, daß Johannes anmerkt, die eigentliche Sünde in Judas' Bemerkung habe darin bestanden, daß er in Wirklichkeit ein Dieb war und gar nicht die Absicht hatte, das Geld den Armen zu geben!)

Daß ich überhaupt auf diese Kritik zurückkomme, hat mit der biblischen Sicht des Zehnten zu tun, wie sie in 5. Mose 14,22-27 dargelegt wird. In diesem Abschnitt vermittelt uns Mose mit seinen Anweisungen über den Zehnten, wieviel von unserem Reichtum wir zum Feiern verwenden und wieviel wir den Armen und Bedürftigen zukommen lassen sollen.

Durch Mose hat Gott vorgeschrieben, daß das Volk Israel jedes Jahr zum Passahfest ein Zehntel seines Ernteertrags nach Jerusalem bringen sollte. Dieses Geld wurde nicht für edle Wohltätigkeit verwendet oder um Missionsprogramme damit zu finanzieren, sondern alles wurde für ein Fest ausgegeben. Ganz richtig – für ein Fest! Dort wurde gesungen und getanzt (als Baptist mußte ich zweimal überlegen, ob ich diese Tatsache auch erwähnen soll).

Mit diesem Fest sollte das Volk Israel einen kleinen Vorgeschmack bekommen, wie das Reich Gottes aussehen würde. Es war ein Zeichen dafür, daß das künftige Reich ein Fest und keine Armenspeisung sein würde. Beim Feiern konnte man dann sagen: »Du findest das hier schon toll? Wart nur ab, bis das Reich Gottes anbricht!«

Können Sie sich vorstellen, daß die Juden im Altertum ein Zehntel ihrer gesamten Einnahmen für ein Riesenfest verpulverten? Kein Wunder, daß die Kinder Israels sagten: »Ich war froh, als sie zu mir sprachen, laßt uns ins Haus des Herrn gehen.« Das Fest in Jerusalem war ein Hinweis darauf, wie unser Gott ist. Er ist ein Gott, der feiert. Die gesetzteren Menschen auf dieser Welt werden sich umstellen müssen, wenn sie zu seinem Reich gehören wollen. So sagte Jesus zu den blutleeren religiösen Alleswissern seiner Zeit, als diese sich darüber beschwerten, daß er zu viel feiere:

»Wir haben euch aufgespielt, und ihr wolltet nicht tanzen; wir haben Klagelieder gesungen, und ihr wolltet nicht weinen. Johannes ist gekommen, aß nicht und trank nicht; so sagen sie: Er ist besessen. Der Menschensohn ist gekommen, ißt und trinkt; so sagen sie: Siehe, was ist dieser Mensch für ein Fresser und Weinsäufer, ein Freund der Zöllner und Sünder! Und doch ist die Weisheit gerechtfertigt aus ihren Werken.« (Matthäus 11,17-19)

Entscheidend ist hier, daß der biblische Grundsatz des Zehnten zuerst eine Anweisung zum Feiern und nicht zur Wohltätigkeit ist. Wenn Christen von der Liebe Gottes erfüllt sind, dann geht es ihnen wahrscheinlich wie Franz von Assisi – sie geben alles weg und behalten nichts zum eigenen Vergnügen zurück. Mir scheint, daß Gott uns Grenzen für unser

Geben gesetzt hat, damit wir ein Stück seiner Zukunft bereits in unserer Gegenwart genießen können. Jedes dritte Jahr sollte der Zehnte für die Armen sein (vgl. 5. Mose 26,12).

Allerdings ist es interessant, daß wir sogar beim Feiern an die Unglücklichen dieser Welt denken sollen. Auf den Banketten der Frommen müssen die Armen und Bedrückten gerngesehene Gäste sein. Diejenigen, die von der Welt abgelehnt werden, müssen eingeladen sein:

»Darum geht hinaus auf die Straßen und ladet zur Hochzeit ein, wen ihr findet. Und die Knechte gingen auf die Straßen hinaus und brachten zusammen, wen sie fanden, Böse und Gute; und die Tische wurden alle voll.« (Matthäus 22,9-10)

Wenn ich darüber spreche, was wir mit unserem Reichtum tun sollen, dann behandle ich damit eines der Hauptthemen der Bibel. Es gibt dort über 600 Hinweise und Erklärungen zu unserem Umgang mit Geld. Besonders im Neuen Testament gibt es überall solche Hinweise, zum Beispiel im Jakobusbrief.

Für Jesus ist es auch ein Bewertungskriterium, wie wir mit der Not der Armen umgegangen sind, wenn wir vor dem Richterstuhl Gottes stehen werden (Matthäus 25,31-46). Viele Stimmen in unserer heutigen Zeit erinnern uns daran, daß Jesus sich so sehr mit den Armen und Unterdrückten dieser Welt identifiziert, daß alle, die ihn lieben wollen, gut daran tun, ihn unter diesen »geringsten Brüdern« zu suchen.

Die vielleicht eindringlichsten Worte darüber, was reiche Menschen mit ihrem Reichtum tun sollen, sagt Jesus zu dem reichen Jüngling:

»Und als er sich auf den Weg machte, lief einer herbei, kniete vor ihm nieder und fragte ihn: Guter Meister, was soll ich tun, damit ich das ewige Leben ererbe? Aber Jesus sprach zu ihm: Was nennst du mich gut? Niemand ist gut als Gott allein. Du kennst die Gebote: Du sollst nicht töten; du sollst nicht ehebrechen; du sollst nicht stehlen; du sollst nicht falsch Zeugnis reden; du sollst niemanden berauben; ehre Vater und Mutter. Er aber sprach zu ihm: Meister, das habe ich alles gehalten von meiner Jugend auf. Und Jesus sah ihn an und gewann ihn lieb und sprach zu ihm: Eines fehlt dir. Geh hin, verkaufe alles, was du hast, und gib's den Armen, so wirst du einen Schatz im Himmel haben, und komm und folge mir nach! Er aber wurde unmutig über das Wort und ging traurig davon; denn er hatte viele Güter.« (Markus 10,17-22)

Auch wenn man nicht durch gute Taten erlöst wird (siehe Epheser 2,8-9), steht außer Frage, daß Reichtum ein Hindernis zu einem rettenden Glauben ist. Reiche Menschen (und dazu zählen nach internationalem Standard fast alle amerikanischen und westeuropäischen Staatsbürger) haben Angst, sich zu sehr auf Jesus einzulassen, weil sie spüren, daß es sie etwas kosten wird - und das ist auch tatsächlich so. Die Reichen fühlen sich durch den Ruf Jesu, alles zu verlassen und für ihn zu sterben, bedroht. Sie haben zuviel zu verlieren. Die Reichen wissen: Wenn sie den Jesus der Bibel ernst nehmen wollen, müssen sie mehr tun, als ihre Prioritäten richtig zu setzen. Manche Prediger, die Angst davor haben, die sozioökonomische Ordnung zu stören, behaupten nämlich, mehr habe Jesus nicht gemeint, als er das zu dem reichen Jüngling sagte. Wir, die reichen Christen dieser Welt, wissen nur zu gut, daß Jesus uns auffordert, die Dinge dieser Welt zu verlassen, unsere Habe zu nutzen, um den Armen zu geben, und unser Kreuz auf uns zu nehmen.

Immer, wenn ich über die Verantwortung der Christen spreche, auf die Not der Bedürftigen zu reagieren, gibt es Gemeindeleiter, die sehr ärgerlich werden. Ich kann gar nicht sagen, wie oft ich von Pastoren eingeladen worden bin, um in ihren Gemeinden evangelistische Gottesdienste zu halten, und diese mir dann in letzter Minute sichtlich nervös zu verstehen gaben, ich solle doch bitte nichts sagen, was sich negativ auf die Spendenbereitschaft für das Baukonto der Gemeinde auswirken könnte. Solchen Pastoren ist nur zu sehr bewußt: Wenn Menschen sich wirklich von der Not der Armen anrühren lassen, spenden sie weniger Geld für bunte Glasfenster oder eine schöne Sakristei. Aber eine Gemeinde, die sich nur um sich selbst dreht und wenig an die Bedürftigen dieser Welt denkt, ist nicht gerade die Art von Gemeinde, die Jesus sich zu Pfingsten vorgestellt hat. Die Kirche setzt die Prioritäten falsch, wenn sie Millionen für Gebäude ausgibt, um darin einen zu ehren, der von sich selber sagt, daß er nicht in Bauwerken von Menschenhänden wohnt.

Im alten Israel gab es einen Grund, einen herrlichen Tempel zu bauen - Gott war wundersam gegenwärtig im Allerheiligsten auf dem Berg Zion. Aber das alles wurde anders mit dem Tod und der Auferstehung von Jesus Christus. Als er am Kreuz hing, riß der Vorhang im Tempel entzwei; die Gegenwart Gottes war nicht mehr abgetrennt von einem heiligen Raum, den nur der Hohepriester einmal im Jahr betreten durfte. Seit der Heilige Geist über uns gekommen ist, ist diese besondere Gegenwart in uns allen, die wir seine Tempel sind (vgl. Apostelgeschichte 17,24 und 1. Korinther 3,17).

Wenn ich hier ein Plädoyer für die Armen halte, dann bin ich nicht automatisch dagegen, auch etwas für Kunst auszugeben. Der Mensch lebt nicht vom Brot allein, und die Ausgaben ausschließlich auf Nützliches zu beschränken, gehört nicht zu den Anforderungen eines christlichen Lebensstils. Es liegt auf der Hand, daß Grundbedürfnisse als erstes erfüllt werden müssen, aber wir haben auch alle einen von Gott geschenkten Hunger nach schönen Dingen. Menschen - besonders arme Menschen, deren Leben oft ziemlich düster ist - brauchen Schönheit für ihre Seelen.

Einige römisch-katholische Missionare auf Haiti haben durch unglaubliche Anstrengungen in Port-au-Prince einen Konzertsaal gebaut und ein Symphonieorchester gegründet.

Einige kritisierten diese Missionare und meinten, es sei verrückt, hungernden Menschen Symphoniekonzerte zu bieten. Auch ich selbst hatte erheblichen Zweifel daran, ob dieses Projekt sehr weise sei - bis zum Eröffnungsabend. Wer die Gesichter der zerlumpten Menschen gesehen hat, die sich in den Konzertsaal drängten, um die Symphonie zu hören, hatte keinen Zweifel mehr daran, daß dieses Geld sinnvoll investiert worden war. Es hatte etwas unglaublich Schönes, unter diesen von Armut geschlagenen Menschen zu sein. An diesem Abend wurde ihnen etwas gegeben, das ihr Leben ein wenig erträglicher machte. Der Zauber der Musik stimmte diese Menschen, die durch Not hart geworden waren, weicher und freundlicher. Jeder in dem Konzert spürte, daß Gott hier wirkte und den Armen etwas sehr Kostbares schenkte.

Mich macht nur besorgt, daß Kunst oft viel zu teuer ist und dadurch viel zu elitär wird, um der Menschheit so zu dienen, wie Gott es sich vielleicht gedacht hat. Die hohen Preise von Theater- und Konzertkarten schließen viele von den positiven Wirkungen aus, die Kunst haben kann. Wenn man selbst für ein Kunstmuseum viel Eintritt zahlen muß, werden manche Geschenke Gottes gerade denen vorenthalten, die ohnehin nur sehr wenig Schönheit in ihrem Leben haben.

Wenn Kunststudenten mich fragen, ob sie Gott auch als Musiker, Schauspieler oder Tänzer dienen können, antworte ich immer: »Aber natürlich!« Ich sage ihnen allerdings auch, daß sie ihre Begabung allen Menschen zum Geschenk machen müssen, nicht nur denen, die sich teure Eintrittskarten leisten können. Wir brauchen Kunst für alle Menschen. Wir brauchen Theaterstücke und Musik an den Straßenecken und in Parks, und wir brauchen große Kunst in öffentlichen Gebäuden, damit alle Zugang dazu haben und sich daran freuen können. Wir müssen die Menschen dazu erziehen, Kunst zu würdigen, damit sie Respekt davor und Spaß daran haben. Insofern Kunst bereichert, sensibilisiert und Menschen menschlicher macht, kann sie durchaus als Geschenk Gottes betrachtet werden; diejenigen, die ein solches Geschenk zu den Menschen bringen, sind echte Diener Gottes. Kunst muß nicht extravagant sein, um gut zu sein. Sie muß nicht teuer sein, um ein kostbares Geschenk zu sein. Und es kann durchaus legitim sein, wenn eine Gemeinde Geld für Kunst ausgibt. Das Leben anderer durch Kunst und Musik zu bereichern, kann ein gutes Geschenk der Gemeinde Jesu an die Welt sein. Leider ist vieles, was Gemeinden für Einrichtung ausgeben, weder künstlerisch noch notwendig.

Ich bin auch nicht gegen die Anhäufung eines Vermögens. Wie John Wesley dränge ich aber jeden dazu, »so viel zu arbeiten, wie du kannst, um so viel Geld zu verdienen wie möglich, und so wenig wie möglich davon auszugeben, *um so viel wie möglich davon wegzugeben«*.

Ich glaube nicht, daß es eine Sünde ist, eine Million zu verdienen, aber es kann zu einer Sünde werden, dieses Geld nicht so auszugeben, wie Jesus es tun würde. Unbestritten sündigen wir alle durch die Art, wie wir unser Geld ausgeben. Aber die Tatsache, daß keiner Dinge so tun kann, wie Jesus es tun würde, ist kein Grund, sofort aufzugeben und es nicht wenigstens zu versuchen:

»Meine Brüder, ich schätze mich selbst noch nicht so ein, daß ich's ergriffen habe. Eins aber sage ich: Ich vergesse, was dahinten ist, und strecke mich aus nach dem, was da vorne ist, und jage nach dem vorgesteckten Ziel, dem Siegespreis der himmlischen Berufung Gottes in Christus Jesus.« (Philipper 3,13-14)

7. Keine gute Nachricht für Homosexuelle?

Ein befreundeter Pastor mit geringem Einkommen übernimmt von Zeit zu Zeit Beerdigungen für Konfessionslose. Bei diesen Anlässen macht er die seltsamsten Erfahrungen. Sie sind eine schier unerschöpfliche Fundgrube für meine Predigten und Bücher.

So übernahm mein Freund eine Bestattung, die kein anderer durchführen wollte, weil der Verstorbene Aids gehabt hatte.

»Es war sehr seltsam«, erzählte er mir später. »Als ich zu der Leichenhalle kam, warteten dort ungefähr 25 bis 30 Männer, die ich für homosexuell hielt. Sie saßen um den Sarg wie festgefroren auf ihren Stühlen. Wie eine Statue starrte jeder mit glasigen Augen vor sich hin, die Hände im Schoß gefaltet, als ob es ein Lehrer so angeordnet hätte. Sie machten mir Angst.

Ich tat, was zu tun war. Ich las ein paar Stellen aus der Bibel vor, sprach einige Gebete und schloß mit ein paar Bemerkungen, die man macht, wenn man den Verstorbenen nicht kennt. Schließlich gingen wir zum Friedhof. Vom Beginn der Trauerfeier bis zu dem Punkt, wo ich die sterblichen Überreste der Erde übergab, fiel von den Anwesenden kein einziges Wort. Unbeweglich standen sie am Grabrand. Nach dem Schlußgebet und dem Segen wollte ich schließlich gehen, doch die Männer blieben mit ausdruckslosen Gesichtern stehen, als seien sie angewachsen. Also wandte ich mich nochmals zurück, um zu fragen, ob ich noch irgend etwas für sie tun könne.

Zu meinem großen Erstaunen bat mich ein Mann, Psalm 23

vorzulesen. Er sagte: ›Als ich heute morgen zu dieser Trauerfeier gekommen bin, habe ich mich darauf gefreut, den Psalm 23 zu hören. Ich mag diesen Psalm wirklich sehr. Und ich dachte, Psalm 23 werde auf jeder Beerdigung gelesen. Aber Sie haben das nicht getan.‹«

Also las mein Freund Psalm 23. Danach bat ein anderer Trauergast um die Bibelstelle, wo steht, daß uns wirklich nichts von der Liebe Gottes trennen könne. Also las mein Freund aus Römer 8, wo Paulus versichert, daß uns weder Tod noch Leben, weder Engel noch Gewalten, weder Gegenwärtiges noch Zukünftiges, weder Hohes noch Tiefes noch irgendein anderes Geschöpf von Gottes Liebe, die in Jesus Christus ist, trennen kann. »Als ich die Stelle las, daß wirklich *nichts* zwischen uns und Gott treten kann, kam zum ersten Mal Leben in die Gesichter. Und dann bat mich einer nach dem anderen, seine Lieblingsstellen aus der Bibel vorzulesen. Dies ging etwa eine Stunde so.«

Als mir mein Freund dies erzählte, war ich tief betroffen. Etwas in meinem Innern rührte sich, und ich wurde traurig. Diese Männer wollten so gerne Gottes Wort hören, aber sie würden niemals einen Fuß in eine Kirche setzen. Sie wollten aus der Bibel hören, aber nichts mit Christen zu tun haben. Warum, dürfte klar sein. Sie fühlen sich von Christen verachtet. Und damit liegen sie nicht falsch.

Sicherlich gibt es Ausnahmen, hier und dort lassen sich Christen finden, die ihre Homophobie (Furcht vor Homosexuellen) überwunden haben und sich auch in homosexuellen Kreisen bewegen. Meistens bemühen sich Christen noch nicht einmal, ihren Abscheu und ihre Verachtung zu verbergen. Weniges hat Evangelikale so erbost und aufgebracht wie Homosexuelle, die aus ihren sexuellen Wünschen keinen Hehl machen.

Damit keine Mißverständnisse aufkommen: Christen sollen sich keinesfalls über biblische Grundsätze hinwegsetzen.

Ausgelebte Homosexualität ist und bleibt Sünde. Auf keinen Fall sollen wir sie rechtfertigen. Aber ich möchte in Erinnerung rufen, daß Christen ihre Mitmenschen lieben sollen – selbst wenn diese bei uns Anstoß erregen. Christen sollen mit Homosexuellen freundlich und liebevoll umgehen. Etwa jeder zehnte Mann in Deutschland – so wird vermutet – ist homosexuell, ob anlagebedingt oder durch spätere Prägung, lassen wir hier offen. Wenn wir Christen diese Mitmenschen nicht wie uns selbst lieben, verstoßen wir gegen das Gebot Jesu (Matthäus 19,19). Dann sollten wir uns besser nicht mehr seine Nachfolger nennen. Den Nächsten zu lieben, ist mehr, als ein unbestimmtes Gefühl zu entwickeln. Lieben heißt, Menschen so zu behandeln, wie es Jesus an unserer Stelle getan hätte.

Liebe verlangt Gerechtigkeit. Jesus würde sich liebevoll an seine homosexuellen Brüder und Schwestern wenden. Und diese Zuwendung wäre gleichzeitig ein Aufruf, angemessen mit ihnen umzugehen. Daher sollten wir uns gegen die Diskriminierung von Homosexuellen einsetzen. Sie sind keine Bürger zweiter Klasse, und ihnen stehen wie allen anderen alle Rechte zu. Jesus schüfe ein Gesellschaftsklima, in dem sich Homosexuelle offen zu erkennen geben könnten, ohne Unterdrückung und Verfolgung befürchten zu müssen. Das bedeutet nicht, daß Homosexualität als ein ganz normaler Lebensstil neben anderen betrachtet werden soll. Aber Menschen mit dieser Orientierung sollte nicht ihre Würde genommen werden.

Es ist *sehr* wichtig, zwischen homosexueller *Orientierung* und homosexueller *Praxis* zu unterscheiden. Homosexuelle Orientierung bedeutet, daß sich die sexuelle Anziehung auf das gleiche Geschlecht bezieht. Homosexuelle Praxis lebt diese Wünsche aus. Die Orientierung ist lediglich der Wunsch, die Praxis ist die Tat. Die erste ist Versuchung, die zweite ist der Versuchung nachgeben.

Ich kenne viele Christen, die mit der Macht des Heiligen Geistes gegen den Wunsch ankämpfen, ihre sexuelle Orientierung auszuleben. Dieser Wunsch kann sehr beständig sein (wie bei Heterosexuellen), aber trotzdem überwinden sie durch den, der uns geliebt hat (vgl. Römer 8,37).

Diese tapferen Christen muß man einfach bewundern. Sie erfahren während ihres ganzen Lebens keine sexuelle Befriedigung, weil die Bibel homosexuelle Praxis verbietet.

Viele haben mir von den langen Nächten erzählt, in denen sie gegen die Versuchung ankämpften, um nicht gegen Gottes Willen zu handeln.

Wer für diese Christen keinen besonderen Respekt empfindet, ist selbstgerecht.

Manche behaupten, daß der Sieg über die Versuchung nicht ausreiche. Ihrer Meinung nach können Christen nur errettet sein, wenn sie auch von ihrer homosexuellen Orientierung frei sind. Kurz: Diese Leute gehen davon aus, daß Homosexuelle durch Gebet zu Heterosexuellen werden sollten. Sie stützen ihre Einstellung auf Berichte von Homosexuellen, die geheilt wurden und nun ein glückliches Leben als Heterosexuelle führen.Gott könne dies für jeden tun, der ihn darum bitte.

Sicherlich möchte ich nicht behaupten, daß Gott nicht alles tun kann. Schließlich ist Gott Gott. Allerdings besteht ein großer Unterschied zwischen dem, was Gott tun *kann,* und dem, was er tun *wird.* Das erste ist ein (biblischer) Grundsatz, das zweite eine Vermutung. Die Einstellung »benenn es – bekomm es« ist zu simpel für ein komplexes Problem. Daß Gott etwas tun *kann,* bedeutet nicht, daß er es auch tun *wird* – selbst wenn wir ihn darum bitten.

Sollte dies wie Ketzerei klingen, lesen Sie es noch mal sorgfältig. Ich kenne zu viele Christen, die verzweifelt um Dinge beten, die Gott sicherlich erfüllen könnte. Aber aus uns noch unerfindlichen Gründen tut er es nicht.

So mußte Dietrich Bonhoeffer erfahren, daß Gott den Holocaust nicht verhinderte, obwohl es in seiner Macht lag und Bonhoeffer so darum betete. Wie viele beten dafür, daß ein geliebter Mensch vom Krebs geheilt wird, und müssen doch mit ansehen, daß er stirbt? Sie beten zu einem Gott, der ohne Zweifel Krebs heilen kann und der dies in vielen Fällen auch schon getan hat. Und doch heilt er nicht in diesem speziellen Fall. Genauso kenne ich Homosexuelle, die Gott inständig anflehen, er möge sie von ihrer Anlage befreien, ohne daß dies eintrifft.

Trotzdem glaube ich, daß jedes Gebet beantwortet wird. Einige werden erst im Himmel eine Antwort finden. Aber wir leben in einem häßlichen Jetzt und Hier – und nicht in einem heilen Irgendwann. Und viele evangelikale Homosexuelle leiden unter Enttäuschung trotz intensivem Gebet. Ich kann nicht verstehen, warum sie keine Erhörung erleben, aber ich kann auch nicht die Augen davor verschließen, daß es so ist.

Ich weiß von einem Fall, wo die vereinfachte Sichtweise, wie Erlösung zu geschehen habe, einen jungen Mann in den Selbstmord getrieben hat. Ein ernsthafter, wenn auch naiver Prediger hatte ihm versichert, daß Gott seine Gebete erhören werde, wenn er ein Christ sei, den Gott liebe. Gott werde ihn heterosexuell machen. So betete der junge Mann inständig – doch ohne das erflehte Ergebnis. Daraus schloß er, daß er nicht von Gott geliebt sein könne. Dies paßte zu Auslegungen, die er von Römer 1,24-32 gehört hatte: »Darum hat Gott sie in den Begierden ihrer Herzen dahingegeben . . .« Gott hatte ihn aufgrund seiner Sünden aufgegeben, dachte er. Über Gottes vermeintliche Verschmähung war er so verzweifelt, daß er sich das Leben nahm.

Viele abweisende Einstellungen gegenüber Homosexuellen rühren auch von Unwissen her: Unwissen sowohl über wissenschaftliche Erkenntnisse wie auch über das, was die Bibel sagt.

Ich vertrete nicht die Meinung, daß eine homosexuelle Orientierung immer durch hormonelle Faktoren hervorgerufen wird. Es gibt verschiedene andere Ursachen für eine homosexuelle Orientierung, wie etwa die Sozialisation. Aber die meisten Homosexuellen wählen ihre sexuelle Orientierung nicht aus freien Stücken.

In Römer 1,26-27 lesen wir:

»Darum hat sie Gott dahingegeben in schändliche Leidenschaften; denn ihre Frauen haben den natürlichen Verkehr vertauscht mit dem widernatürlichen; desgleichen haben auch die Männer den natürlichen Verkehr mit der Frau verlassen und sind in Begierde zueinander entbrannt und haben Mann mit Mann Schande getrieben und den Lohn ihrer Verirrung, wie es ja sein mußte, an sich selbst empfangen.«

Viele sehen in dieser Stelle keine allgemeine Verdammung der sexuellen Orientierung. Hier werde vielmehr das Verhalten von Heterosexuellen angegriffen, die ihren Lüsten hemmungslos nachgeben und deswegen charakterlich verderben. Paulus greife hier diejenigen an, die sich *bewußt dafür entscheiden,* weil ihnen homosexuelle Praktiken einen zusätzlichen sexuellen Kick versprechen. In der Sicht einiger Homosexueller richtet sich diese Bibelstelle nur gegen Heterosexuelle, die sich perverserweise auch mit dem eigenen Geschlecht sexuell befriedigen. Paulus greife damit aber nicht die homosexuelle Orientierung an.

Für mich bleiben homosexuelle *Praktiken* immer falsch. Ganz gleich, aus welchen Gründen diese erfolgen. Ich bleibe bei dieser Sicht, nicht nur, weil ich diese Stelle im Römerbrief vielleicht anders als manche homosexuelle Freunde verstehe. Ich halte auch daran fest, weil sich die Kirchen und führenden Theologen jahrhundertelang darin einig waren, daß ausgelebte Homosexualität gegen Gottes Willen verstößt. Unsere heutige Auslegung sollte auch von der Geschichte der Christenheit geprägt sein. Die traditionellen Bibelauslegungen sollten deshalb nicht gleich als unfehlbar eingestuft werden (sonst wäre die Reformation unmöglich gewesen), aber sie sollten ernsthaft in Betracht gezogen werden.

Paulus bezieht sich noch an weiteren Stellen auf Homosexualität: »Oder wißt ihr nicht, daß die Ungerechten das Reich Gottes nicht ererben werden? Laßt euch nicht irreführen! Weder der Unzüchtige noch Götzendiener, Ehebrecher, Lustknaben, Knabenschänder, Diebe, Geizige, Trunkenbolde, Lästerer oder Räuber werden das Reich Gottes ererben« (1. Korinther 6,9-10). Als Übertreter der Gebote zählt Paulus auf: Unzüchtige, Knabenschänder, Menschenhändler, Lügner, Meineidige (1. Timotheus 1,10).

Aber selbst mit diesen Versen sollte man nicht vorschnell heutiges sexuelles Verhalten verdammen. Viele anerkannte Bibelausleger stimmen darin überein, daß Paulus hier mit »Knabenschändern« Homosexualität mit Jungen (Päderastie) angreife. Im antiken Griechenland erfolgte die Erziehung zumeist auf persönlicher Ebene. So unterrichtete ein Lehrer einen einzelnen Schüler und beriet ihn auch. Oft nutzte der Lehrer seine enge Beziehung zu dem Schüler aus. Er nutzte seine Macht aus, um den Schüler sexuell zu mißbrauchen.

Allerdings wurden diese Jungen nur in ihrer frühen Jugend sexuell begehrt. Mit beginnendem Bartwuchs und den anderen körperlichen Veränderungen verloren sie ihre sexuelle Attraktivität. In der griechischen Kultur waren junge Knaben das sexuelle Ideal.

Waren die Schüler für ihre Lehrer nicht mehr begehrenswert, wurden sie kurzerhand durch jüngere ersetzt. Die ihre Schuldigkeit getan hatten, waren meist psychisch geschädigt und stark suizidgefährdet. So versuchten viele Schüler, ihre jungenhafte Attraktivität künstlich zu verlängern. Dafür übernahmen sie besonders weibliche Umgangsformen.

Der Apostel Paulus verabscheute Päderastie. Er griff überhaupt alle Formen der sexuellen Ausbeutung an. Dabei zielte er besonders auf diese abschreckende Form, die im antiken Griechenland so alltäglich war. Päderastie und eine auf Freiwilligkeit beruhende homosexuelle Liebesbeziehung dürfen nicht auf eine Stufe gestellt werden. Es bleibt dabei: Homosexuelle Praktiken verstoßen ausnahmslos gegen Gottes Willen. Aber wir dürfen nichts in Bibelstellen hineininterpretieren, was sie nicht enthalten, um damit unsere Einstellung zu untermauern. Nur zu leicht gebrauchen wir die Bibel in ungenauer Weise, um damit zu belegen, was wir für richtig und falsch halten.

Allerdings räumt das Neue Testament dieser Sünde nicht soviel Beachtung ein wie anderen Sünden, zum Beispiel der mangelnden Nächstenliebe. Jesus geht in seinen Reden niemals auf Homosexualität ein. Daß Homosexualität heutzutage so sehr in den Mittelpunkt des Interesses von vielen Predigern rückt, gründet sich weniger auf die Heilige Schrift. Vielmehr spiegelt dies die allgemeine Homophobie der Kirche wider.

In meinen Ausführungen habe ich mich in erster Linie auf männliche Homosexualität konzentriert. Natürlich weiß ich auch, daß es weibliche Homosexualität gibt (allerdings gehen die meisten Einschätzungen davon aus, daß auf vier männliche Homosexuelle nur eine weibliche Homosexuelle kommt). Über die Ursachen weiblicher Homosexualität gibt es im Gegensatz zur männlichen Homosexualität nur verwirrende und mehrdeutige Angaben. Bei Frauen scheinen psychologische und soziologische Ursachen eine größere Rolle zu spielen. Bei vielen kann die homosexuelle Orientierung eine Folge von sexuellem Mißbrauch, z.B. durch den Vater, sein.

Um es kurz zu machen: Zur weiblichen Homosexualität kann ich nicht viel sagen, nicht zuletzt weil darüber weniger bekannt ist als über die männliche Ausprägung. Trotzdem möchte ich nochmals ausdrücklich betonen, daß man nicht nur von einer einzigen Ursache ausgehen kann. Und in vielen Fällen spielen biologische Bedingungen eine größere Rolle als Umweltfaktoren.

Aber trotz alledem sollten wir nicht aus den Augen verlieren, daß Menschen auch durch Verführung oder eigene Entscheidung zur Homosexualität gelangen. Denn Sünde tummelt sich sowohl in der homosexuellen als auch in der heterosexuellen Welt, wodurch viele Menschen verletzt und verwirrt werden. Auf jeden Fall haben die meisten Männer und Frauen ihre homosexuelle Orientierung nicht aus freier Entscheidung gewählt. Viele möchten von ihren Empfindungen loskommen, finden dabei aber weder von der Wissenschaft noch von der Religion viel Unterstützung.

Evangelikale Homosexuelle fühlen sich oft sehr hin- und hergerissen. Nicht nur zwischen ihren sexuellen Gefühlen und was sie für Gottes Willen halten, sondern auch zwischen dem Leben unter Homosexuellen, das scheinbar Solidarität und Verständnis verspricht, und dem Leben in der Heterogesellschaft, die für sie vielleicht nur Entfremdung und Einsamkeit bereithält. Sicherlich entscheiden sich einige evangelikale Homosexuelle schließlich für die homosexuelle Gesellschaft, weil in einem christlichen Umfeld nur Enthaltsamkeit möglich wäre. Nur selten können andere Menschen ihr Leid und ihre Einsamkeit verstehen, weil sie dieses Problem nicht betrifft. Wenn wir einfühlsam mit den Bedürfnissen von Homosexuellen umgehen möchten, sollten wir für dieses Dilemma Lösungen suchen.

Zwei Homosexuelle aus New York lösten ihr Problem mit der Einsamkeit, indem sie ein Bündnis schlossen. Darin verpflichteten sie sich, zusammen zu leben, »bis daß der Tod sie scheide«, sich aber dabei sexuell zu enthalten. Sie entschieden sich, ihr Leben »in aller Liebe und Zärtlichkeit«, jedoch ohne sexuelle Beziehungen gemeinsam zu verbringen. Diese beiden Männer genießen nun den Segen einer echten Liebesbeziehung, ohne gegen biblische Grundsätze zu verstoßen. Ihrem Beispiel sind weitere evangelikale Homosexuelle gefolgt.

Ich ziehe es vor, dieses Abkommen ein »homosexuelles Bündnis« zu nennen. Die Bezeichnung »Ehe« schließt für mich auch eine sexuelle Beziehung ein. (Andererseits beinhaltet das Wort Bündnis eine lebenslange, gegenseitige Verpflichtung, die keine sexuelle Beziehungen erfordert.)

Einige Christen werden selbst ein solches Abkommen mit der Behauptung ablehnen, daß die Bibel auch romantische Gefühle für das eigene Geschlecht verdamme. Diese Kritiker dürften schwerlich Bibelstellen für ihre Ansicht heranziehen können. Wenn sie behaupten, daß diese Liebenden in einer solchen Beziehung Sexualität nicht aussparen können, fällen sie gleichzeitig ein Werturteil über die moralische Integrität von anderen Christen. Ihr Urteil ist unter Umständen lediglich das Ergebnis einer Projektion. Natürlich werden mich viele als naiv bezeichnen, weil ich glaube, daß so ein Arrangement möglich ist.

Wenn wir von Homosexuellen um Rat gefragt werden, geraten wir Evangelikale oft in schwierige Situationen. Einerseits können wir aufgrund unserer Bindung an biblische Grundsätze und die Traditionen der Kirche homosexuelle Beziehungen nicht befürworten (vgl. auch Stellen aus dem Alten Testament: 3. Mose 18,22; 20,13). Andererseits werden wir keine Stellen in der Bibel finden, die ein Liebesverhältnis ohne sexuelle Beziehungen zwischen homosexuellen Christen verbietet.

Es wäre eine bessere Lösung, wenn Homosexuelle in eine christliche Gemeinschaft eingebettet wären. Für viele tausend amerikanische Christen ist es sowohl geistlich als auch finanziell ein Gewinn, wenn sie mit anderen Christen zusammenleben (vgl. dazu auch das Kapitel über Singles). In diesen christlichen Lebensgemeinschaften kann eine große Verbindlichkeit zwischen den einzelnen Mitgliedern entstehen. In diesen größeren sozialen Einheiten können sexuelle Versuchungen für Homosexuelle durch liebevolle (Gebets-)Unterstützung der anderen in Schach gehalten werden. Damit wird eine sichere Umgebung geschaffen, in der Homosexuelle ihre Schwierigkeiten ehrlich äußern können. Die Mitbewohner können zu einem Lebensstil ermutigen, der Christus verherrlicht.

In einer solchen Gemeinschaft können sich Homosexuelle mit ihren Begabungen einbringen, ohne daß ihrer sexuellen Orientierung immer Beachtung geschenkt wird. Wenn christliche Wohngemeinschaften sowohl homosexuelle als auch heterosexuelle Menschen aufnehmen, werden auch weitere evangelikale Kreise erkennen müssen, daß wir alle füreinander verantwortlich sind.

Menschen mit homosexueller Orientierung dürfen nicht nur auf das homosexuelle Umfeld angewiesen sein, um sich für den Leib Christi zu engagieren. Es sei denn, sie fühlten sich dazu ausdrücklich berufen. Genauso sollte ein Alkoholkranker nicht nur mit Alkoholabhängigen arbeiten. Manche homosexuelle Geschwister sind durch ihre inneren Kämpfe zu Einsichten gelangt, von denen auch Heterosexuelle profitieren könnten.

Ich möchte ausdrücklich betonen, daß Homosexuelle ihre Wünsche selbstverständlich weder in noch außerhalb der Lebensgemeinschaft ausleben dürfen. Genau wie ein Alkoholkranker keinen Alkohol zu sich nehmen darf, sollte niemand etwas tun, was mit der Botschaft Christi nicht vereinbar ist. Aber unsere Kirchen - und ganz besonders unsere Ortsgemeinden - verlieren, wenn wir Menschen nur in Schubladen stecken. Wir müssen sie als unsere Brüder und Schwestern wahrnehmen.

Es *muß* also eine gute Nachricht für Homosexuelle geben. Da die meisten wahrscheinlich trotz ihrer Anstrengungen ihre sexuelle Orientierung behalten werden, müssen wir mehr für sie tun, als sie einfach zu bitten, enthaltsam zu leben. Wir müssen ihnen zu erfüllenden, liebevollen Erfahrungen verhelfen, damit sie sich als Menschen fühlen können und wissen, daß sie Teil des Leibes Christi sind. Homosexuelle *sind* unsere Brüder und Schwestern. Und so müssen wir mit ihnen umgehen. Es wäre Sünde, weniger zu tun.

8. Kann denn Jagen Sünde sein?

Meine Frau und ich warteten am Flughafen von Seattle auf unseren Flug. Im Wartebereich der Abflughalle von United Airlines stand ein riesiger, ausgestopfter Eisbär. Das herrliche Geschöpf war mindestens zwei Meter groß. Es war von einem Mann erlegt worden, dessen Name auf einer kleinen Metalltafel eingraviert war - als sei es eine besondere Ehre, ein so wunderschönes Tier mit einem modernen Gewehr zu erlegen. Meine Frau und ich waren traurig über das, was dieser Mann getan hatte. Wir fanden, er hatte mit dieser »sportlichen« Tat einen großen Fehler gemacht.

Ich habe bis jetzt nicht herausbekommen, was in Jägern vorgeht, die nicht jagen, um zu essen zu haben, sondern aus »Spaß«. Ich versuche mir vorzustellen, was in einem Mann wohl vorgeht, wenn er einem wunderschönen Tier das Leben nimmt und eine Trophäe daraus macht. Was er wohl empfunden haben mag, als er den Abzug betätigte? Ob er sich wohl männlicher gefühlt hat, weil er diese 400 Pfund schwere Schönheit getötet hat? Ist es wirklich ein Sport, sich an einen Bären heranzuschleichen und ihn mit einer Waffe anzugreifen, gegen die er keine Verteidigungschance hat? War der Jäger wohl Christ? Und wenn ja, hat er wohl das Gefühl gehabt, etwas zu tun, das Gott gefiel? Hat er wohl gedacht, daß auch Jesus an seinem freien Tag Bären getötet hätte?

Viele Leute werden mir sicherlich darin zustimmen, daß das Töten von Tieren nur so zum Spaß eine fragwürdige Beschäftigung für Christen ist. Aber die meisten werden es wahrscheinlich nicht als vordringliche Frage betrachten, die unmittelbare Aufmerksamkeit verdient und unbedingt beantwortet werden muß. Wenn in Somalia eine Hungersnot herrscht, in unseren Städten Jugendliche drogensüchtig sind, wenn auf dem Balkan ein Bürgerkrieg tobt und totalitäre Unterdrückung in China, dann scheint das Töten von Tieren vergleichsweise unbedeutend. Doch es hat einen tieferen Hintergrund, wenn man aus dem Töten einen Sport macht. Denn hier spiegelt sich etwas von unserem Verhältnis zur Kreatur. Manche müssen Tiere töten, um zu essen zu haben oder um sich zu verteidigen. Es ist allerdings ein erheblicher Unterschied, ob man das Leben von Tieren opfert, um das Leben von Menschen zu erhalten, oder ob das Töten von Tieren als Zeitvertreib geschieht.

Sicherlich müssen wir jetzt viele Tiere töten (wie beispielsweise Damwild), um eine zu hohe Population und Hunger zu verhindern, weil wir ihre natürlichen Feinde ausgerottet haben. Wenn man aber gezwungenermaßen in Gebieten ausdünnen muß, weil die Bestandsdichte zu hoch ist, sollte man das nicht mit Begeisterung tun, sondern eher mit Bedauern.

Wer will leugnen, daß Gott die Tiere geschaffen hat oder daß er jeden Sperling im Blick hat (Matthäus 10,29-31)? Und wer kann abstreiten, daß der Geist Gottes das Leben der Tiere erhält und daß sie durch seine Gnade leben? Jeder kann bei genauerem Nachdenken erkennen, daß alles, was Gott schafft, ihm Freude bereitet, und daß die Zerstörung all dessen, was er liebt, ihm Schmerz bereitet, besonders wenn man diese Zerstörung wie eine Art Sport betreibt. Wieso nennen wir es eigentlich Vandalismus, wenn etwas von Menschen Geschaffenes zerstört wird? Wenn wir dagegen etwas von Gott Geschaffenes zerstören, kann es als Sport aufgefaßt werden.

Ich weiß, daß viele Jäger sich damit rechtfertigen, der Aufenthalt in den Wäldern und der freien Natur eröffne ihnen die Möglichkeit, einmal wirklich rauszukommen und zu den künstlichen Abläufen Abstand zu gewinnen und zu der künstlichen Umgebung, die so sehr ein Teil ihres städtischen, technisierten Lebens sind. Viele hetzen einen Großteil ihrer Zeit in »Metallvögeln« von einem »Asphaltdschungel« in den anderen und geben bereitwillig zu, daß der Aufenthalt in der Natur den Geist verjüngen und an die Freuden einer Zeit erinnern kann, als das Leben noch unkomplizierter war.

Aber warum muß man unbedingt jagen, um diese Erfahrungen zu machen? Warum muß man Tiere töten, um die Natur zu genießen und sich an ihr zu freuen? Warum nicht Kameras benutzen statt Gewehre und auf diese Weise Bilder herstellen, die festhalten, daß die Tiere, die wir gesehen haben, immer noch am Leben und in Freiheit sind?

Niemand braucht mir zu erzählen, daß es heute noch viele Leute gibt, die mit der Jagd ihren Lebensunterhalt verdienen. Jedesmal, wenn in Kanada wieder Seehundbabys erschlagen werden und die Leute von Greenpeace versuchen, das zu verhindern, werden für die Abendnachrichten Leute interviewt, die mit der Seehundjagd ihren Lebensunterhalt verdienen. Jedesmal finden die Nachrichtenleute wieder irgendwelche verarmten Neufundländer, die behaupten, daß das Totschlagen von Seehundbabys für sie die einzige Möglichkeit ist, ihren Lebensunterhalt zu sichern.

Aber noch während ich solche Interviews höre, frage ich mich, ob es wirklich keine anderen Möglichkeiten für diese Menschen gibt, ihr Geld zu verdienen. Außerdem ist fraglich, ob eine Tätigkeit ausreichend gerechtfertigt wird, weil man damit seinen Lebensunterhalt verdienen kann. Diese Argumentationsweise akzeptiere ich auch nicht bei Teenagern, die Drogen verkaufen mit der Begründung, daß sie keine Arbeit finden, oder von Mädchen in den Ghettos der Armenviertel, die sich prostituieren, weil es für sie die beste Möglichkeit ist, Geld zu verdienen. Was ich über die Jagd auf Seehundbabys denke, liegt wohl auf der Hand, aber mir ist bewußt, daß es für diejenigen, die diese Jagd betreiben, kein Sport ist. Und es ist Jagd als Sport, die ich angreife.

Man mag einwerfen, daß ich einfach nicht nachvollziehen kann, was Leute an der Jagd als Sport finden. Und damit haben sie völlig recht. Vielleicht gibt es ja dieses Bedürfnis nach Gemeinschaft und Beziehung unter Männern, das auf so einer Jagd befriedigt wird. Gemeinsam zu jagen, schafft unter Umständen ein wunderbares Gefühl der Gemeinschaft zwischen Männern. Vielleicht befriedigt das Jagen die Art »Wille zur Macht«, wie Nietzsche ihn beschrieb. Sicherlich ist die psychische Motivation für das Jagen vielschichtig. Aber ich vereinfache wohl nicht zu sehr, wenn ich sage, daß Jesus Christus auf diese Welt gekommen ist, um uns zu neuen Menschen zu machen – deren psychische Bedürfnisse auf andere als eine zerstörerische Weise befriedigt werden können, auf eine Art, die mit den anderen Geschöpfen harmoniert, mit denen wir nach seinem Willen diese Erde teilen sollen.

Als ich klein war, zogen zwei Jungen in unserer Nachbarschaft den Zorn des ganzen Ortes auf sich. Sie kletterten auf einen Baum, holten ein paar Eier aus einem Vogelnest und warfen sie dann gegen eine Mauer. Als die Jungen gefragt wurden, weshalb sie das getan hätten, schockierten sie alle mit der unumwundenen Erklärung, daß sie nur ein bißchen Spaß haben wollten. Tagelang fragten sich die Leute immer wieder, was für Jungen das wohl sein mußten, die Spaß daran fanden, sinnlos Vogeleier zu vernichten. Aber schon als kleiner Junge konnte ich keinen Unterschied erkennen zwischen diesen Jungen und erwachsenen Männern, die aus Spaß auf Vögel schossen! Ich frage mich, wie unsere Nachbarn, von denen etliche Jäger waren, die Kinder dafür verurteilen konnten, daß sie aus Spaß Vogeleier zerstört hatten. Noch einmal: Ich muß mit Bedauern die traurige Realität hinnehmen, daß es Situationen gibt, in denen man Tiere töten muß. Wenn allerdings der Hauptgrund für dieses Töten darin besteht, seinen Spaß zu haben oder sich die Zeit zu vertreiben, dann kann ich keinen moralischen Unterschied erkennen zwischen der Jagd und dem scheußlichen Benehmen der bösen Jungen aus meiner Nachbarschaft.

Vor ein paar Jahren saß ich an einem warmen Sommertag in einem Park in Philadelphia. Direkt neben mir saß eine junge Mutter, deren kleine Kinder auf dem Bürgersteig spielten. Im Spiel entdeckte ihre Tochter ein paar Ameisen, die aus einem Riß im Zement herauskrabbelten. Die beiden Kinder machten sich voller Begeisterung daran, die Ameisen totzutreten. Als sie so viele Tiere wie nur möglich zermalmt hatten, knieten sie sich hin und fingen an, die restlichen Insekten aufzusammeln und zwischen den Fingern zu zerquetschen. Ihr Gelächter habe ich immer noch im Ohr.

Das grausame Verhalten der Kinder ging mir nah, und nachdem ich mir diese teuflischen Spielchen schon viel zu lange mit angesehen hatte, schrie ich: »Halt!« Die beiden Mädchen standen auf und liefen weinend zu ihrer Mutter. Diese warf mir einen gehässigen Blick zu, weil ich ihren Kindern Grenzen gesetzt hatte in dem, was sie für ein unschuldiges Spiel hielt. Es gibt sicherlich Zeiten, wo wir Ameisen töten - sie zerstören Gärten, gefährden Ernten und bringen Picknicks durcheinander. Auch Termiten müssen vernichtet werden, weil sie sonst unsere Häuser fressen. Manchmal muß man Kammerjäger engagieren, um Küchenschaben oder anderes Ungeziefer zu vernichten, das Krankheiten überträgt oder sonstwie unsere Gesundheit gefährdet. Nichtsdestotrotz hat es etwas Schreckliches, wenn kleine Mädchen kichern, während sie das Leben aus Ameisen herausquetschen, die keinem Menschen etwas getan hatten und niemanden störten. Für sie war das Töten ein Spaß - und das finde ich ausgesprochen beunruhigend.

In den Zeitungen stehen hin und wieder Geschichten über Verstorbene, die ihrem Hund oder ihrer Katze ein Vermögen hinterlassen haben. Wenn ich früher so etwas las, schüttelte ich meistens den Kopf darüber und sagte mir: »Wie lächerlich!« Aber im Laufe der Jahre hat sich meine Einstellung dazu geändert. Ich habe erlebt, was Tiere Menschen bedeuten können - besonders alten Menschen, denen Gesellschaft fehlt.

Untersuchungen von James H. S. Bossard, einem Spezialisten für die Sozialisation von Kindern, zeigen, daß Haustiere Kindern Optimismus geben können, daß sie denen Sicherheit vermitteln können, die ängstlich sind, und Kindern seelische Unterstützung sind, die sonst keinen Spaß am Leben haben. Ich habe selbst miterlebt, was für ein Einfühlungsvermögen Kinder in bezug auf Tiere haben können, genauso wie ich die Kameradschaft zwischen älteren Menschen und ihren Haustieren erlebt habe. Ich glaube, daß Tiere Werkzeuge sein können, durch die Menschen die Liebe Gottes erfahren.

Franz von Assisi bereitete es keinerlei Probleme, Tiere als Geschöpfe Gottes zu sehen. Franz konnte Gemeinschaft mit ihnen haben. Die beliebtesten Porträts des Heiligen zeigen ihn, wie er mit den Vögeln spricht.

All das mag in unserer modernen, verwissenschaftlichten Welt absurd klingen, aber es ist nicht absurd. Es gibt umfassende Untersuchungen, die beweisen, daß Tiere mehr wissen, als die meisten Menschen vermuten, und daß Tiere oft eine geradezu unheimliche Sensibilität haben für das, was Menschen denken und empfinden. Ich könnte Untersuchung um Untersuchung zitieren, um die Behauptung zu belegen, daß Tiere gar nicht so viel weniger intelligent sind als Menschen, sondern nur über eine andere Art der Intelligenz verfügen. Gott hat uns Tiere nicht nur als Nahrung gegeben, sondern auch, damit wir in ihnen die Herrlichkeit des Schöpfers sehen können.

Es ist interessant festzustellen, daß auch Tiere einen Platz in der biblischen Beschreibung des Reiches Gottes haben.

In Jesaja 11,6 wird ein wunderschönes Bild davon gezeichnet, wie das Leben sein wird, wenn der *Schalom* oder der Friede Gottes völlig dasein wird, und wenn sogar die Tiere in Eintracht miteinander und mit den Menschen leben werden:

»Da werden die Wölfe bei den Lämmern wohnen und die Panther bei den Böcken lagern. Ein kleiner Knabe wird Kälber und junge Löwen und Mastvieh miteinander treiben. Kühe und Bären werden zusammen weiden, daß ihre Jungen beieinander liegen, und Löwen werden Stroh fressen wie die Rinder.«

Deshalb sollten alle, die schon heute den Lebensstil des Reiches Gottes annehmen wollen, lernen, im Einklang mit der Natur zu leben und die Tiere zu lieben. Wer glaubt, daß Tiere im Reich Gottes keinen Platz haben, sollte bedenken, daß in dem Vers »So sehr hat Gott die Welt geliebt . . .« das griechische Wort *cosmos* verwendet wird, mit dem nicht nur Menschen, sondern alle Geschöpfe der Schöpfung Gottes gemeint sind. Im achten Kapitel des Briefes an die Römer schließt die Vision der Erlösung durch Gott nicht nur diejenigen ein, die an Jesus glauben, sondern alles, was in Gottes Welt ist.

»Denn das ängstliche Harren der Kreatur wartet darauf, daß die Kinder Gottes offenbar werden. Die Schöpfung ist ja unterworfen der Vergänglichkeit - ohne ihren Willen, sondern durch den, der sie unterworfen hat -, doch auf Hoffnung; denn auch die Schöpfung wird frei werden von der Knechtschaft der Vergänglichkeit zu der herrlichen Freiheit der Kinder Gottes. Denn wir wissen, daß die ganze Schöpfung bis zu diesem Augenblick mit uns seufzt und sich ängstet.« (Römer 8,19-22)

Wehe denen, die Gottes Geschöpfe aus Spaß töten!

9. Wie kann eine ledige Frau über 30 der Einsamkeit entkommen?

Die Formulierung der Überschrift ist nicht sexistisch gemeint. Natürlich sind auch viele unverheiratete Männer über 30 einsam. Untersuchungen dieser Personengruppe haben sogar ergeben, daß ledige Männer über 30 mehr Probleme haben und unglücklicher sind als gleichaltrige Frauen in der gleichen Lebenssituation.

Ich beziehe mich jedoch auf Frauen, weil alleinstehende Christinnen es offenbar besonders schwer haben, Freundschaften zu schließen. Und dies ist für ein befriedigendes Leben in unserer Gesellschaft von entscheidender Bedeutung. Es gibt in diesem Alter unter Christen viel weniger ledige Männer als in der übrigen Gesellschaft. Zum Teil liegt das daran, daß ledige Frauen generell aktiver am Glaubensleben teilnehmen und sich auch in Gemeinden aktiver einbringen als Männer. In den Gemeinden sind weibliche Singles bei weitem in der Überzahl gegenüber männlichen Singles.

Wir sollten allerdings nicht den voreiligen Schluß ziehen, der einzige Ausweg aus der Einsamkeit sei die Ehe. Natürlich gibt es einen erheblichen gesellschaftlichen Druck, der die Partnerschaft als einzige Möglichkeit propagiert, Nähe und Intimität zu erleben. Aber es gibt durchaus auch andere gangbare Wege. Wir Christen folgen einem alleinstehenden Dreißigjährigen nach, der uns Vorbild ist für ein Leben als Single. Er lebte in tiefen und innigen Freundschaften und in einer engen Gemeinschaft. Die Gemeinde, die unter der Kraft des Heiligen Geistes gegründet wurde, sollte ihren Mitgliedern einen Raum der Freundschaft anbieten. Trotzdem gibt es viel Einsamkeit unter Christen. Es ist nicht einfach, in unserm

Jahrhundert zur intensiven Gemeinschaft (Koinonia) zurückzufinden, in der die ersten Christen lebten. Aber wir würden die Aktualität und Bedeutung der Bibel für die heutige Zeit leugnen, wenn wir das heute für unmöglich hielten.

Hin und wieder werden Menschen durch die Umstände gezwungen, die Form der Gemeinschaft wiederzuentdekken, die für Christen des ersten Jahrhunderts wahrscheinlich der Normalfall war. Im Eastern College bereite ich Christen darauf vor, sowohl in der sogenannten Dritten Welt als auch in Armutsgebieten in den Vereinigten Staaten zu arbeiten. Dieses Programm zieht Studenten aus aller Welt wie auch aus allen Teilen unseres Landes an. Die meisten sind alleinstehende Männer und Frauen zwischen Ende Zwanzig bis Mitte Dreißig.

Als wir das Programm eingerichtet hatten, war es sehr schwierig, genügend Unterkünfte für diese Studenten zu finden. Acht von ihnen lösten dieses Problem, indem sie eine christliche Wohngemeinschaft gründeten. Sie fanden ein Haus in einer ziemlich heruntergekommenen Gegend im Westen von Philadelphia. Das Haus liegt in der Nähe einer großen Mietskaserne, in der fünfzig kambodschanische Flüchtlingsfamilien leben. Unter der Leitung einer Frau aus der christlichen Wohngemeinschaft wurde eine Arbeit mit diesen kambodschanischen Familien ins Leben gerufen.

Die Mitglieder dieser Gemeinschaft haben eine tiefe Zuneigung füreinander entwickelt und führen ein sehr verbindliches gemeinsames Leben. Fast alle möchten auch nach Abschluß ihrer Ausbildung weiter in dieser Wohngemeinschaft leben. Die Hausbewohner wachsen mit der Zeit immer mehr zu einer Art Familie zusammen – sowohl geistlich als auch gefühlsmäßig. Anscheinend entwickeln sie mit der Zeit ein echtes Zusammengehörigkeitsgefühl und erleben nicht die Einsamkeit, unter der sonst so viele alleinstehende Menschen in diesem Alter leiden.

Durch dieses Zusammenleben erleben diese Singles Gemeinschaft, und sie leben dazu noch ausgesprochen preiswert. Wenn man gemeinsam ißt, wird die Mahlzeit etwas ganz Besonderes. Sie bietet Gelegenheit, sich auszutauschen und Spaß miteinander zu haben. Außerdem kann man auf diese Weise sehr viel Geld sparen, weil es wesentlich billiger ist, für viele Essen zu machen, als wenn jeder sein eigenes Süppchen kocht. Die jungen Christen legen besonders viel Wert auf geringe Haushaltskosten, weil sie durch die Bibelkurse am Eastern College sensibilisiert sind, als Christen einen einfachen Lebensstil zu praktizieren, um den Armen und Unterdrückten dieser Welt besser helfen zu können.

Diese Singles entwickeln einen Lebensstil, durch den sie nicht nur die Aussagen der Bibel in die Praxis umsetzen können, sondern auch der Einsamkeit entgehen. Weshalb ermutigen Gemeinden nicht viel stärker dazu, in christlichen Gemeinschaften zu leben?

Die vorherrschende Kultur fördert eine extreme Individualisierung, die einem gemeinschaftlichen Leben nicht unbedingt dienlich ist. Sie schadet der Persönlichkeit und führt zu einer gesellschaftlichen Verarmung. Zahlreiche christliche Beobachter des amerikanischen Alltags fordern, daß die Kirchen und Gemeinden sich gegen diesen extremen Individualismus aussprechen und Auswege anbieten.

Christliche Gemeinschaft als Lebensstil für Singles könnte ein großartiger Anfang in diese Richtung sein. Eine andere Möglichkeit wäre es, älteren Christen dabei zu helfen, ein Leben in Gemeinschaft und Liebe zu führen. Die Leiter der Urgemeinden hätten nichts Merkwürdiges daran gefunden, wenn alleinstehende Christen zusammenlebten, teilten, was da ist, und sich gegenseitig aus der Einsamkeit des Lebens helfen würden. Darin würde sich auch für die »Welt« die Liebe Gottes zeigen. Die ersten Christen wären sicher schockiert darüber, daß Menschen, die von Jesus in die liebende Gemeinschaft berufen worden sind, in Einsamkeit leben.

Selbstverständlich gibt es auch Menschen, die mit den sozialen und psychischen Belastungen eines gemeinschaftlichen Lebens überfordert wären. Aber sicherlich würden viele, die im ersten Impuls wenig Gefallen an dieser Art des Zusammenlebens finden, ihre Meinung ändern, wenn sie es nur mal ausprobierten.

Gemeinden sollten offensiv die Einsamkeit von Singles angehen, indem sie Möglichkeiten gemeinschaftlichen Lebens entwickeln, einrichten und anbieten. Sie könnten zum Beispiel Geld für Anzahlungen auf Häuser und Wohnungen bereitstellen, die für Gruppen von Singles groß genug sind. Sie könnten Ledige ermutigen, doch einmal selbst zu erleben, wie man sich durch ein Leben in Gemeinschaft gegenseitig helfen und geistlich wachsen kann. Diese christlichen Wohngemeinschaften könnten besondere Aufgaben übernehmen, wie die Beratung von Kindern und Jugendlichen mit Schulschwierigkeiten oder die Durchführung von Bibelkreisen.

Vielen mag dieser Vorschlag abwegig und sogar gefährlich erscheinen, besonders wenn in diesen Gemeinschaften Männer und Frauen zusammenleben, wie das auch am Eastern College der Fall ist. *Wirklich* »abwegig« und gefährlich finde ich es aber, wenn gläubige Singles einsam durchs Leben gehen müssen, ohne daß etwas dagegen unternommen wird.

Für Singles, die den mutigen Schritt in eine Lebensgemeinschaft mit anderen Christen noch nicht wagen, gibt es andere Möglichkeiten für intensive Gemeinschaft. Man kann beispielsweise die Einsamkeit überwinden, indem man mit anderen Christen in besonderen Projekten zusammenarbeitet.

Zum Beispiel gibt es in Hunderten von amerikanischen

Städten Zweigstellen von *Habitat for Humanity.* Diese christliche Organisation richtet Wohnraum für arme Menschen her. Laien setzen mit gelernten Handwerkern Wohnungen instand für Leute, die sonst nur in Hütten oder anderen Notunterkünften leben müßten.

Viele Mitarbeiter dieser Zweigstellen von *Habitat* kommen aus christlichen Gemeinden. So treffen alleinstehende Christen, die sich an der Arbeit beteiligen, wahrscheinlich mit Leuten zusammen, die ähnliche Überzeugungen vertreten. Man singt zusammen und vieles andere mehr. Die Gruppen entwickeln dabei eine Verbindlichkeit, die zusammenhält. Bei einer solchen gemeinsamen Aufgabe wird die Einsamkeit in der Regel besiegt.

Treffen von *Habitat* bieten gewöhnlich eine weit bessere Möglichkeit, passende »Partner« zu finden, als die meisten von Gemeinden organisierten Single-Wochenenden. Ich will damit gar nichts gegen solche Wochenenden sagen. Aber es ist natürlicher, wenn man Leute beiderlei Geschlechts für eine bestimmte Aufgabe zusammenbringt und sie dann gemeinsam etwas tun, als diese Zusammenkünfte, die leicht gezwungen und verkrampft werden können.

Habitat for Humanity ist natürlich nur ein Beispiel. Die meisten Gemeinden bieten viele Möglichkeiten zur Mitarbeit an.

Singles, die sich für bedürftige Menschen engagieren wollen, werden dabei ähnlich engagierten Menschen begegnen und Freundschaften schließen. Bei solchen Begegnungen trifft man eher auf Menschen mit der gleichen Wellenlänge als bei den meisten Veranstaltungen mit dem erklärten Ziel der Partnervermittlung.

Manche betrachten zwar diese Möglichkeiten als Chance, haben aber trotzdem das Gefühl, daß man die Einsamkeit nur endgültig besiegen kann, wenn man heiratet. Vielleicht sollte dies nicht so sein – aber es ist nun einmal so!

Kürzlich gestand auf einem Mitarbeiterwochenende einer City-Evangelisationsarbeit eine kluge und attraktive Frau Ende Zwanzig: Sie befürchte, den Rest ihres Lebens unter qualvoller Einsamkeit zu leiden, wenn sie keinen Ehepartner fände. Die Frau gehörte zu den hauptamtlichen Mitarbeitern dieser Evangelisationsarbeit. Sie leben in einem ehemaligen Waisenhaus zusammen. Sie können zusammen essen, haben jeden Tag gemeinsame Andachten und unternehmen auch sonst viel zusammen. Trotzdem war diese junge Frau einsam, was die anderen Mitarbeiter nicht lindern, geschweige denn ausfüllen konnten, obwohl sie ein liebevolles Vertrauen zueinander hatten. Wenn das nicht der Fall gewesen wäre, hätte diese Frau wahrscheinlich nicht so offen mit ihnen über ihre Not und ihre Ängste sprechen können. Sie gestand, daß eine Ehe für sie die einzige echte Hoffnung war, jemals die Art von Nähe und Intimität zu bekommen, die ihre Einsamkeit vertreiben könnte.

Ich hüte mich davor zu sagen, daß man so nicht denken dürfe. Man sollte als Christ versuchen, Not zu lindern, statt dem betroffenen Menschen zu sagen: »Das solltest du aber nicht empfinden!«

In jüdischen Gemeinden gibt es seit jeher feste Einrichtungen, um Menschen zusammenzubringen. Christliche Gemeinden könnten auch mehr für Partnervermittlung tun. Und Gemeindemitglieder, die dafür die Einfühlungsgabe haben, könnten mehr Zeit dafür investieren, ihre alleinstehenden Freunde miteinander bekannt zu machen. Wenige Entscheidungen im Leben haben so viel Einfluß auf das geistliche Befinden wie die Wahl des Ehepartners. Deswegen könnte es durchaus Konsequenzen bis in die Ewigkeit haben, einem Freund oder einer Freundin zu helfen, einen passenden Partner bzw. eine Partnerin zu finden.

Dies wäre eine sehr viel bessere Möglichkeit, als Bekanntschaften in Lokalen zu suchen, obwohl dies inzwischen mehr

Christinnen tun, als man vielleicht denkt. Während eines Aufenthaltes in New York City ging ich einmal in eine Bar in der Second Avenue. Ich hatte mich für einen Termin verspätet, und es gab nirgends ein Telefon. Während ich meinen Anruf erledigte, bemerkte ich eine attraktive Frau, die auf einem Barhocker Platz nahm und ihrer Umgebung signalisierte, daß sie zu haben sei. Es dauerte nicht lange, da setzte sich ein Mann neben sie. Als ich die Bar verließ, mußte ich an den beiden vorbei. Sie waren zu sehr miteinander beschäftigt, als daß sie mich bemerkt hätten. Darüber war ich auch ganz froh, denn ich erkannte die Frau wieder. Ein paar Monate zuvor war sie bei mir im Büro gewesen und hatte um Rat gefragt, wie sie einen passenden Mann kennenlernen könnte. Sie hatte anscheinend keine bessere Möglichkeit gefunden, mit der Einsamkeit fertig zu werden. Sich in einem Lokal »anmachen« und dann mitnehmen zu lassen, ist für jede Frau entwürdigend, aber für diese Frau muß es besonders übel gewesen sein, weil sie Christin war.

Man macht es sich zu leicht, wenn man so ein Verhalten als »billig« verurteilt, ohne jegliches Verständnis für den Frust und die Einsamkeit, die oft zum Leben dieser Frauen über Dreißig gehören, wie es in jeder Gemeinde etliche gibt. Ich fragte mich damals, ob es dieser speziellen Frau erspart geblieben wäre, durch Lokale zu ziehen, wenn ich mich mehr für ihr Anliegen eingesetzt hätte. Ich fragte mich, ob ich vielleicht etwas hätte ändern können, wenn ich einige ihrer Freunde um Mithilfe gebeten hätte.

Ich möchte noch einen Vorschlag machen, allerdings zögere ich dabei ein wenig, weil er manchen vielleicht zu umständlich erscheint und anderen auch zu entwürdigend. Trotzdem denke ich, daß Christinnen einen passenden Partner gut in einer Bibelschule oder einem theologischen Seminar finden können. Das Verhältnis des Männeranteils zum Frauenanteil in solchen Institutionen verändert sich zwar, aber es gibt dort immer noch mehr alleinstehende Männer als Frauen. Wenn sich eine Christin für den vollzeitlichen Dienst berufen weiß, gleichzeitig aber auch die Ehe als einzige Möglichkeit sieht, nicht mehr einsam zu sein, sollte sie dorthin gehen, wo sie Männer mit gleichen Interessen treffen kann.

Im Seminar oder auf der Bibelschule kann man Leute intensiver als bei lockeren Treffen kennenlernen. Die Diskussionen, Gespräche beim Mittagessen sowie gemeinsame Arbeitsprojekte bieten eine gute Gelegenheit, einen Blick auch hinter das oberflächliche Auftreten eines Kommilitonen zu werfen und so Partner zu entdecken, die die gleichen Ideen und Werte vertreten.

Der Soziologe William M. Kephart macht durch seine Untersuchungen seit langem deutlich, daß Einrichtungen der höheren Bildung eine entscheidende Rolle bei der Partnerwahl spielen. Viele Studenten heiraten Studienkollegen. Eltern sind gut beraten, diesen Faktor zu bedenken, wenn sie ihren Kindern bei der Wahl der Ausbildung helfen. 30 Prozent lernen ihre zukünftigen Partner in der Ausbildung kennen.

Mein Vorschlag kann auch negative Reaktionen provozieren. Aber von allen 25-35jährigen, die ich wegen ihrer Einsamkeit beraten habe, hatten diejenigen am meisten Erfolg, die diesen Rat befolgten. Ich kann nichts dabei finden, wenn Menschen, die unbedingt heiraten wollen, sich gezielt dort aufhalten, wo ihre Chancen, dem möglichen Partner fürs Leben mit ähnlichem Denken und Fühlen zu begegnen, möglichst groß sind.

Manchmal entwickeln sich die Dinge natürlich auch nicht so, wie man es sich wünscht. So manche Alleinstehende, die darum gebetet hat, einen Ehepartner zu finden, ist immer noch unverheiratet und kann dies nicht akzeptieren. Auch wenn ein Heiratswilliger keinen Partner gefunden hat und das als große Lebensenttäuschung betrachtet, kann dies jedoch auch positive Aspekte und Möglichkeiten in sich bergen.

Ledig zu sein ist nach Apostel Paulus geradezu ideal für die Christen, die sich noch mehr für Jesus einsetzen möchten. Alleinstehende können in der Regel eher Zeit in den Dienst für andere investieren als Verheiratete, die sich um Partner und Kinder kümmern müssen. Deshalb schreibt Paulus:

»Ich möchte aber, daß ihr ohne Sorge seid. Wer ledig ist, der sorgt sich um die Sache des Herrn, wie es dem Herrn gefalle; wer aber verheiratet ist, der sorgt sich um die Dinge der Welt, wie er der Frau gefalle, und so ist er geteilten Herzens. Und die Frau, die keinen Mann hat, und die Jungfrau sorgen sich um die Sache des Herrn, daß sie heilig seien am Leib und auch am Geist; aber die verheiratete Frau sorgt sich um die Dinge der Welt und wie sie dem Mann gefalle. Das sage ich zu eurem eigenen Nutzen; nicht um euch einen Strick um den Hals zu werfen, sondern damit es recht zugehe, und ihr stets und ungehindert dem Herrn dienen könnt.« (1. Korinther 7,32-35)

In der Mission habe ich herausgefunden, daß römisch-katholische Schwestern und Priester besser an problematischen Orten leben und arbeiten können als evangelische Missionare, die auch familiäre Verpflichtungen haben.

Fast 90 % der Mitarbeiter meiner eigenen Missionsgesellschaft, der Evangelical Association for the Promotion of Education, sind ledig. Ich preise Gott regelmäßig, daß er diesen Mitarbeitern die Gnadengabe der Ehelosigkeit geschenkt hat. Als Alleinstehende können sie mehr Risiken eingehen, die die Arbeit in den City-Ghettos mit sich bringt. Und sie haben mehr Zeit, was so wichtig ist, wenn man Jungen und Mädchen helfen will, die nur wenig von ihren Eltern haben.

Ich habe dieses Kapitel auf meinen Erfahrungen aus der Beratung alleinstehender Menschen über 30 aufgebaut.

Natürlich sind meine Ausführungen nicht umfassend. Ich habe nicht über die Möglichkeit geschrieben, daß zwei Christen oder Christinnen zusammen wohnen und einen lebenslangen Freundschaftsbund schließen können. Daß Singles gute Freundschaften mit Ehepaaren aufbauen können. Ich habe nichts über die Möglichkeiten gesagt, wie Gemeinden Singles besser in ihre Gemeinschaft einbinden können. Ich wollte einfach ein paar Möglichkeiten ansprechen, die nach meiner Meinung funktionieren.

10. Dürfen Christen töten?

Als ich aufs Gymnasium ging, gab mir meine Mutter Charles Sheldons Roman *In His Steps* (»In seinen Fußstapfen«). Die Aussage dieses Buches war ebenso schlicht wie überzeugend: Christ zu sein bedeutet auch, das zu tun, was Jesus täte, wenn er in meiner Situation wäre und meine Möglichkeiten hätte. Für mich war diese Aussage glasklar: Ich sollte in der Bibel lesen und etwas über Jesus lernen; ich sollte beten und mich so auf Jesus einlassen, so eins werden mit ihm, daß ich immer mehr denken würde wie er und auch immer besser wüßte, was er an meiner Stelle tun würde. Ich nahm mir das zu Herzen. Mir lag sehr daran, ein Nachahmer Jesu zu werden.

Während des Koreakrieges wurden junge Männer zur Armee eingezogen, und es deutete einiges daraufhin, daß auch ich eingezogen werden könnte. Bei einem Vorbereitungstermin wurde ich von einem Colonel befragt. Ich hatte angedeutet, es könnte mir Probleme bereiten, im Kampf zu töten. Ich erinnere mich noch ganz genau, wie der Colonel mich über den Tisch hinweg sehr ernst und streng ansah und fragte: »Warum haben Sie Zweifel daran, daß es rechtens ist, für das Vaterland zu töten?« Ich erzählte ihm, daß ich das Buch *In seinen Fußstapfen* gelesen hätte und versuchen würde, herauszufinden, was wohl Jesus täte, wenn er an meiner Stelle wäre. Der Colonel fragte mich ganz direkt: »Glauben Sie, daß Sie einen Menschen erschießen oder eine Bombe von einem Flugzeug abwerfen könnten?« Ich: »Wenn ich in einem Flugzeug säße und über ein feindliches Dorf flöge, dann müßte ich fragen: Jesus, wenn du an meiner Stelle wärest, würdest du dann diese Bomben abwerfen?«

Der Colonel knurrte: »Das ist wohl das Dümmste, was ich

jemals gehört habe. Es weiß doch wohl jeder, daß Jesus niemals Bomben werfen würde!«

Vielleicht wußte dieser Colonel mehr über das Wesen Jesu als viele Theologen und Prediger. Er hatte auch nicht den leisesten Zweifel daran, daß Jesus niemals Bomben werfen würde. Und wenn Jesus keine Bomben werfen würde, sollten es diejenigen, die behaupten, ihm nachzufolgen, auch nicht tun.

Im theologischen Seminar gab es in unseren Kursen immer wieder Diskussionen über das Wesen Jesu. Unsere intellektuellen Argumente befaßten sich mit so abstrakten und gelehrten Ideen wie sein »ontologisches Wesen« und sein »existentieller Seinsgrund«. Aber im Laufe unserer theologischen Debatten beantworteten wir nie die grundlegende Frage, ob Jesus Bomben werfen würde.

Es ist kaum verwunderlich, daß so viele Erwachsene zwischen 30 und 40 zu dem Schluß gelangen, Religion habe nichts mit dem zu tun, worauf es im Leben ankommt. Diese Leute mußten nach Vietnam, um dort zu töten, ohne daß sie von ihren Gemeinden jemals darauf vorbereitet worden wären. Etwa mit einer Antwort auf die Frage, ob Jesus an ihrer Stelle wohl töten würde oder nicht. Es ist kein Wunder, daß viele von ihnen mit schweren psychischen Schwächen heimkehrten. Diese Soldaten mußten schießen und Bomben werfen, ohne zu wissen, ob sie gute Nachfolger Jesu waren.

Manche würden Abschnitte aus dem Alten Testament zitieren, in denen Gott dem Volk Israel befiehlt, den Feind auszulöschen, und sogar zum Völkermord auffordert. Kriegsbefürworter können Geschichte um Geschichte zitieren, um zu beweisen, daß Gott damals Krieg nicht nur guthieß, sondern das Töten des Feindes sogar anordnete. Mir haben diese Abschnitte im Alten Testament immer Probleme bereitet. Meine hohe Meinung von der Bibel hindert mich daran, sie einfach zu übergehen, wie manche meiner Kollegen es tun mit dem

Hinweis darauf, daß die menschliche Erkenntnis und Ethik damals noch nicht soweit entwickelt gewesen sei.

Es ist für mich allerdings völlig klar, daß Jesus die Tage der Vergeltung für beendet erklärt hat. In der Bergpredigt sagt er uns, daß wir nicht mit gleichen Mitteln auf das Böse reagieren sollen, das unsere Feinde gegen uns im Schilde führen:

»Ihr habt gehört, daß gesagt ist: ›Auge um Auge, Zahn um Zahn.‹ Ich aber sage euch, daß ihr nicht widerstreben sollt dem Übel, sondern: Wenn dich jemand auf deine rechte Bakke schlägt, dem biete die andere auch dar. Und wenn jemand mit dir rechten will und dir deinen Rock nehmen, dem laß auch den Mantel. Und wenn dich jemand nötigt, eine Meile mitzugehen, so geh mit ihm zwei. Gib dem, der dich bittet, und wende dich nicht ab von dem, der etwas von dir borgen will. Ihr habt gehört, daß gesagt ist: ›Du sollst deinen Nächsten lieben und deinen Feind hassen.‹ Ich aber sage euch: Liebt eure Feinde und bittet für die, die euch verfolgen.« (Matthäus 5,38-44)

Was auch immer vorher Gesetz gewesen sein mag, Jesus hat ausdrücklich gesagt, daß er uns ein *neues* Gebot gibt. Und ich nehme ihn da beim Wort. Wenn er »neu« gesagt hat, dann hat er auch »neu« gemeint. Das bedeutet, daß sich sein Gebot von dem alten unterscheidet, durch das geregelt wurde, wie die alten Juden mit denen verfuhren, die Verbrechen begingen. Jesus stellte in der Bergpredigt bewußt einen neuen Satz ethischer Regeln auf, die alles weit übertrafen, was Mose gelehrt hatte.

Die Gesetze Mose, die in den ersten fünf Büchern der Bibel überliefert sind, verkörperten zweifellos die höchsten Vorstellungen von Gerechtigkeit, die die Welt vor dem Kommen Christi erlebt hat. Damit ließ das Volk Israel hinter sich, was im Altertum üblich war: daß Strafe und Vergeltung normalerweise weit über das hinausgingen, was der Schwere des Vergehens angemessen oder gerecht gewesen wäre. Vergeltung für Verletzungen oder Schädigungen war damals oft völlig maßlos. Strafen waren häufig so extrem, daß sie selbst ein Verbrechen waren. Die Einsetzung des mosaischen Gesetzes richtete sich gegen diese exzessiven Bestrafungen. Hier hatte die Strafe für Vergehen den Zweck der Wiedergutmachung. Diese Gerechtigkeit war der Wille eines liebenden Gottes.

Jesus jedoch geht über das mosaische Gesetz hinaus. Er fordert uns dazu auf, unsere Feinde zu lieben und denen Gutes zu tun, die uns verletzen, »damit ihr Kinder seid eures Vaters im Himmel. Denn er läßt seine Sonne aufgehen über Böse und Gute und läßt regnen über Gerechte und Ungerechte« (Matthäus 5,45).

Die Liebe Gottes, wie sie im mosaischen Gesetz zum Ausdruck kommt, fand ihren letztgültigen Ausdruck in der Verkündigung und im Handeln Jesu. In diesem Sinne schafft das neue Gesetz Jesu die Gerechtigkeit Gottes, wie sie im Alten Testament deutlich wird, nicht ab, sondern erfüllt sie in ihrer endgültigen Form. Das Leben als Christ ist ein neuer, besserer Lebensstil, der meines Erachtens Gewalt ablehnt und Leben dafür einsetzt, der Herrschaft Gottes zum Durchbruch zu verhelfen.

Nach meinem Verständnis ist Töten in Form der Todesstrafe oder im Krieg etwas ausgesprochen Fragwürdiges für Menschen, die von sich behaupten, Jesus nachzufolgen und ihn in seinem Tun nachzuahmen. Nachdem ich mir den Film *Ghandi* angesehen hatte, kam ich mit einem großen Unbehagen aus dem Kino. Es rührte von der merkwürdigen Erkenntnis, daß dieser Hindu-Führer einige Lehren Jesu treuer als die meisten Christen praktiziert hat. Seine gewaltfreien Reaktionen auf die Unterdrückung des indischen Volkes durch eine übermächtige Kolonialmacht waren eine direkte Folge seiner Lektüre von Kapitel fünf bis sieben des Matthäusevangeliums. Indem er seine Feinde liebte, wollte er das leben, was er aus der Botschaft Jesu gelernt hatte.

Manche halten dagegen, daß der gewaltfreie Stil Ghandis nur deshalb funktionierte, weil er ihn gegen die humanen Engländer einsetzte. Hätte er dasselbe gegen das Naziregime versucht, wäre er gescheitert, weil Gewaltfreiheit gegen brutale Feinde letztlich immer sinnlos sei.

Gewaltfreier Widerstand gegen die Nazis hat aber teilweise *sehr wohl* funktioniert. Als nach dem deutschen Überfall auf Dänemark alle Juden dort auf der Straße eine Armbinde mit dem Davidsstern tragen mußten, passierte etwas Erstaunliches. Der König von Dänemark legte ebenfalls eine Armbinde mit dem Davidsstern an und mischte sich unters Volk. Als die Bürger von Kopenhagen sahen, daß ihr König sich mit den Juden solidarisierte, folgten sie seinem Beispiel. In kürzester Zeit trugen die Dänen im ganzen Land den Davidstern. Das Volk machte so den Nazis deutlich, daß es mit den Juden eins war, und egal, welches Übel die Nazis den Juden zufügen wollten, sie würden es ebenso den Dänen antun müssen. Mit diesem mutigen Vorgehen trotzten die Dänen der Tötungsmaschinerie Hitlers.

Ich wünschte, alle gewaltlosen Aktionen für Menschen hätten so einen Erfolg. Die Straßen der Geschichte sind leider gepflastert mit den Leichen derer, die ihre Feinde geliebt haben. Aber trotzdem hat eine konkrete Anwendung der Lehren Jesu viele dazu gebracht, eher ihr Leben in Liebe hinzugeben, als Böses mit Bösem zu vergelten. Damit haben sie die Welt um sich herum verändert und den nachfolgenden Generationen ein Beispiel gegeben. Wer in dieser Haltung lebt, kann sich auf Jesus berufen. Denn er sagt:

»Selig seid ihr, wenn euch die Menschen um meinetwillen schmähen und verfolgen und reden allerlei Übles gegen euch, wenn sie damit lügen. Seid fröhlich und getrost; es wird euch im Himmel reichlich gelohnt werden. Denn ebenso haben sie verfolgt die Propheten, die vor euch gewesen sind.« (Matthäus 5,11-12)

Eine gewaltfreie Haltung in einer gewalttätigen Welt kann durchaus zum Tode führen. Aber nur diejenigen, die bereit sind, sich kreuzigen zu lassen, weil sie Jesus nachfolgen wollen, dürfen sich wirklich seine Leute nennen.

Eine weitere Sorge hält mich davon ab, anderen Menschen das Leben zu nehmen, sei es im Krieg oder als Strafe für ein Schwerverbrechen. Es hat damit zu tun, wie ich Matthäus 25,40 verstehe:

»Und der König wird antworten und zu euch sagen: Wahrlich, ich sage euch: Was ihr getan habt einem von diesen meinen geringsten Brüdern, das habt ihr mir getan.«

Ich nehme diesen Abschnitt ziemlich wörtlich. Mir ist durchaus bewußt, daß viele angesehene und glaubwürdige Theologen meiner Auslegung dieses Verses nicht zustimmen werden. Aber ich bin dennoch davon überzeugt, daß ich in den Augen jedes Menschen, der mich ansieht, Jesus begegne. Ich glaube, daß es sein Wille ist, sich mir durch diesen Menschen hindurch zu zeigen. In jeder zwischenmenschlichen Beziehung kann ich nicht nur Jesus begegnen, sondern ich kann auch hören, wie er sagt: »Was du diesem Menschen tust, das tust du mir.« Wenn wir so denken, können wir einfach nicht mehr töten, sei es im Krieg oder durch die Todesstrafe. Die folgende Geschichte unterstreicht diesen Gedanken:

In frühchristlicher Zeit besuchte ein junger Mönch Rom. Als er eines Tages ziellos durch die Straßen schlenderte, waren viele auf dem Weg zum Kolosseum. Weil er der Landessprache nicht mächtig war, konnte er sich nicht erkundigen, was dort los sei. Also reihte er sich einfach in den Menschenstrom ein. Kurz darauf fand er sich im größten Amphitheater des Römischen Reiches wieder.

Bald marschierten mehrere Dutzend Bewaffnete ein. Sie nahmen Aufstellung, hoben ihre Schwerter und salutierten vor dem Kaiser mit dem traditionellen Gruß: »Wir, die wir für dich sterben werden, grüßen dich.« Dann stellten sich die

Gladiatoren paarweise einander gegenüber und warteten auf das Signal zum Beginn ihres Zweikampfes auf Leben und Tod.

Erst jetzt verstand der junge Mönch, was da eigentlich geschah. Er stand auf und schrie, so laut er konnte: »Im Namen Gottes, hört auf! Im Namen Gottes, hört auf! Im Namen Gottes, hört auf!« Aber das Gebrüll der Menge übertönte seine Stimme.

Er rannte bis zur Absperrung der Kampfbahn, und wieder schrie er den Gladiatoren zu: »Im Namen Gottes, hört auf! Im Namen Gottes, hört auf! Im Namen Gottes, hört auf!« Wenn sie ihn überhaupt hörten, nahmen sie jedenfalls keine Notiz von ihm.

Da sprang der Mönch über die Absperrung in die Arena und stellte sich zwischen zwei Gladiatoren. Abwechselnd schrie er ihnen zu: »Im Namen Gottes, hört auf! Im Namen Gottes, hört auf!«

Blindlings stießen die Gladiatoren ihm ihre Schwerter in den Leib, und er fiel zu Boden. Schockiert über ihre eigene Brutalität standen die Gladiatoren regungslos da. Die Menschenmenge im Kolosseum erhob sich in völligem Schweigen. Dann verließ ein Mann in der dramatischen Stille seinen Platz ganz oben auf den Rängen, bahnte sich seinen Weg durch die Menge und verließ das Kolosseum. Ein weiterer tat es ihm nach, und ein dritter ebenso. Der Fluß von Menschen, die das Kolosseum verließen, wurde zu einem riesigen Strom, und schon bald war das Amphitheater leer. Der Kaiser schlich sich davon; die Gladiatoren nahmen ihre Schwerter und verließen in feierlichem Ernst den Kampfplatz. Die Geschichte berichtet, daß es von da an nie wieder Gladiatorenkämpfe im Kolosseum zu Rom gab. Das Töten hatte ein Ende – und alles wegen eines jungen christlichen Mönches, der den Mut gehabt hatte, sich inmitten dieses mörderischen Wahnsinns zu erheben und zu schreien.

Wir kennen die Diskussion unter Christen über das Für und Wider von Armeen und Rüstung. Die meisten lassen geduldig die spitzfindigen Argumente der Theologen zu diesem Thema über sich ergehen. Aber in mir bleibt das Gefühl, daß wir uns in diesem Zeitalter brutalen Tötens wie der junge Mönch erheben und, so laut wir können, schreien sollten: »Im Namen Gottes, hört auf!«

11. Welchen Sinn haben Beerdigungen?

Begräbnisse können denkwürdige Ereignisse sein, die das Andenken des Verstorbenen ehren. Sie können aber auch ein solcher Nepp sein, daß sich die Verwandten und Hinterbliebenen verletzt und ausgenutzt fühlen. Ein Extrembeispiel ist eine Geschichte über ein Minenunglück vor ein paar Jahren in West Virginia. Die Minengesellschaft stimmte einer kleinen Schenkung für die Familien der Verunglückten zu, in der Hoffnung, daß sie dieses Geschenk wirtschaftlich ein wenig entlasten würde. Aber noch bevor die Leichen kalt waren, stürmten gewissenlose Bestattungsunternehmer die Stadt. Diese Krämer des Todes machten sich die Emotionen der hinterbliebenen Familien zunutze und verkauften ihnen so teure Beerdigungen, daß die Familien am Ende vor dem Nichts standen.

Natürlich darf man nicht das gesamte Bestattungswesen über einen Kamm scheren. Meistens sind Organisatoren von Bestattungen relativ sensible Menschen, die den Hinterbliebenen helfen möchten, eine schwierige Zeit mit einem Minimum an emotionalem Unbehagen zu bewältigen. Von diesem Bemühen einmal abgesehen, kommen viele Kunden später zu dem Schluß, daß die Bestattungsunternehmer ihres Vertrauens sie dazu gebracht haben, mehr Geld für die Beerdigung auszugeben, als sie eigentlich hätten ausgeben wollen.

Als Gemeindepfarrer begleitete ich in der Regel die Witwen oder Witwer zu den Bestattungsunternehmen, um die Beerdigungen zu planen. Und oft mußte ich den Hinterbliebenen zuraunen, sich auf bestimmte Vorschläge nicht einzulassen, weil sie Manipulationen der Bestatter waren, unnötige oder gar absurde Dinge zu kaufen.

Zum Beispiel konnte ich nur mit Mühe eine Witwe, die unter starkem wirtschaftlichem Druck stand, abhalten, eine Schaumstoffmatratze für ihren toten Ehemann zu kaufen, obwohl der Bestatter behauptete, die Matratze würde dem Verstorbenen eine angenehme Ruhe für alle Ewigkeit garantieren. Derselbe Bestatter versuchte, der Witwe ein teures, luftdichtes Gewölbe für den Sarg ihres Mannes anzudrehen, das »ihn garantiert trocken hält«. Trotz meiner Ratschläge gab die Frau eine Menge Geld für unnütze Dinge aus, und am Ende blieb ihr nur ein kläglicher Rest von der Lebensversicherung ihres Mannes.

So ein Vorgehen ist sicherlich nicht der Normalfall. Aber es geschieht so oft, daß Menschen wie ich ein wenig vorsichtig werden.

Ich kritisiere bei den derzeitigen Bestattungsgepflogenheiten auch, daß die Unternehmen ihrer neumodischen Bezeichnung »Bestattungsleiter« immer gerechter werden. Es geht mir nicht nur darum, eines der Privilegien der Geistlichkeit zu retten, die bereits eine ganze Reihe eingebüßt hat. Die Leitung christlicher Begräbnisse sollte allein in den Händen von Gemeindeleitern liegen, egal ob sie Laien oder Geistliche sind. (Für römisch-katholische Priester, die über das Geschehen bei Bestattungen immer die Kontrolle behalten, wäre das gar kein Thema.)

Beerdigungsgottesdienste sollten religiöse Feiern sein, die es allen Betroffenen ermöglichen, Wahrheiten über Leben und Auferstehung zu bekräftigen. Beerdigungen sollten vermitteln, daß die familiären und freundschaftlichen Bande, die der Verstorbene aufgebaut hat, aufrechterhalten und wiederbelebt werden. Beerdigungen sollten Anlässe sein, bei denen man sich neu heiligen Überzeugungen und Werten verpflichtet. Deswegen sollten Beerdigungen von Menschen geleitet werden, die uns in solchen Gedanken und inneren Verpflichtungen anleiten.

Bei allem Respekt vor Bestattungsunternehmern – sie sind normalerweise auf diesem Gebiet nicht unbedingt Spezialisten. Trotzdem bestimmen Bestattungsunternehmer viel über das gesamte Umfeld und Geschehen einer Beerdigung, und in vielen Fällen stellen sie den Pfarrer vor vollendete Tatsachen.

Zum Beispiel kollidierte ein Beerdigungstermin mit einer Trauung, die der zuständige Pastor bereits fest zugesagt hatte. Der Bestattungsunternehmer machte jedoch deutlich, daß dieser Termin für ihn der einzig mögliche sei, und wenn der Pastor diesen Termin nicht einhalten könne, würde er sich eben einen anderen Pastor suchen. Zu diesem Zeitpunkt konnte die Familie des Verstorbenen kein neues Bestattungsunternehmen mehr suchen, und sie waren in dieser schweren Zeit ohne den Trost, den ein Pfarrer ihnen vielleicht hätte geben können. So weit hätte es nicht kommen müssen, wenn von Anfang an ein Pfarrer an der Planung beteiligt gewesen wäre.

Oft wird die Rolle des Pfarrers bei einer Beerdigung vom Bestattungsunternehmen diktiert. Manchmal wird den Geistlichen sogar genau gesagt, wo und wann er spricht und wie lange Zeit er für seine »Anmerkungen« hat.

Der Fairneß halber muß ich hinzufügen, daß der Bestattungsunternehmer bei konfessionslosen Familien diese Rolle des »Bestattungs-Leiters« wohl einnehmen muß. Aber christliche Beerdigungen sollten anders sein. Sie sollten sorgfältig und so weit wie möglich im voraus geplant werden. Es ist ungut, wenn alles auf den Zeitpunkt verschoben wird, wenn der Tod bereits eingetreten ist und ohnehin ein gewaltiger Streß auf den Hinterbliebenen liegt. Es sollten Gespräche mit verschiedenen Angehörigen stattfinden und eine sorgfältige Beratung durch den Pfarrer, der die Beerdigung durchführen soll. Es sollte gut überlegt werden, welche Botschaft die Trauerfeier vermittelt. Passende Bibelstellen und Lieder müssen ausgesucht werden. Auch über die Kosten der

Trauerfeier sollte gesprochen werden. Dabei sollten die Beerdigungskosten unser Engagement als Christen widerspiegeln. Man sollte sich fragen, was man mit dem Geld Gutes tun könnte, das man möglicherweise als liebevolle Gesten gegenüber dem Verstorbenen zugesteckt bekommt, was er aber gar nicht mehr wertschätzen kann. Wäre es nicht besser, einem Verstorbenen Ehre zu erweisen, indem man das Geld anstelle einer teuren Bestattung der Arbeit von Mutter Teresa spendet, einem Dienst an Alten und Kranken oder einem Kinderhilfswerk? Und sagen nicht teure Beerdigungen etwas über die Endgültigkeit des Todes aus, an die wir Christen doch eigentlich gar nicht glauben?

Meine Frau und ich haben die nötigen Papiere als Organspender unterzeichnet. Wir tragen immer eine Karte bei uns, für den Fall, daß wir unvermutet weit weg von zu Hause sterben sollten. So ist klar, was geschehen soll und wer zu benachrichtigen ist.

Wir glauben, daß es Gottes Willen entspricht, dies zu tun. Und man sollte sich rechtzeitig darüber Gedanken machen und Entscheidungen treffen. Immer wieder werden wir gefragt: »Aber was ist dann noch für die Auferstehung übrig, wenn Jesus wiederkommt?« Die Bibel spricht ja tatsächlich von der Auferstehung des Körpers. Es ist nicht biblisch, daß eine körperlose Seele für Zeit und Ewigkeit frei im Himmel schwebt. Die Bibel sagt vielmehr: Wer nach dem Tode auferweckt wird, wird auf eine irgendwie körperliche Weise leben.

Nachdem Jesus auferstanden war, konnte er zum zweifelnden Thomas sagen:

»Reiche deinen Finger her und sieh meine Hände und reiche deine Hand her und lege sie in meine Seite, und sei nicht ungläubig, sondern gläubig« (Johannes 20,27).

Daß Jesus wirklich körperlich auferstanden war, wurde durch das leere Grab bestätigt und ist ein Eckpfeiler jeder bibelorientierten Theologie. Der Apostel Paulus sagt dazu:

»Wenn nun der Geist dessen, der Jesus von den Toten auferweckt hat, in euch wohnt, so wird er, der Christus von den Toten auferweckt hat, auch eure sterblichen Leiber lebendig machen durch den Geist, der in euch wohnt.« (Römer 8,11)

Paulus erklärt: Die körperliche Auferstehung Jesu garantiert, daß der Tod besiegt ist, und die »in Christus« sind, werden selbst eine ähnliche Art der Auferstehung erleben. Wir werden nach diesem irdischen Leben wieder leben, und zwar in Körpern, die sichtbar und berührbar sind.

Paulus sagt, daß unsere neuen Körper nicht mehr Krankheit und Verfall preisgegeben sein werden:

»So auch die Auferstehung der Toten. Es wird gesät verweslich und wird auferstehen unverweslich. Es wird gesät in Niedrigkeit und wird auferstehen in Kraft. Es wird gesät ein natürlicher Leib und auferstehen ein geistlicher Leib. Gibt es einen natürlichen Leib, so gibt es auch einen geistlichen Leib.« (1. Korinther 15,42-44)

Aber Paulus sagt auch, daß unser neuer Körper eine herrliche Verwandlung des Körpers sein wird, in dem wir jetzt noch sind - und für viele liegt genau hier die Schwierigkeit in der Frage von Organspenden.

Manche fragen, wie unser Körper auferstehen und verwandelt werden kann, wenn Teile von anderen Menschen eingepflanzt, von Medizinstudenten zerschnitten oder auf andere Weise verwendet werden. Ich muß ehrlich eingestehen: Ich habe nicht die leiseste Ahnung. Aber Gott, der uns einst aus Staub geschaffen hat, ist in der Lage, uns wieder neu zu erschaffen, aus dem Staub, zu dem wir wieder werden. Schließlich ist er Gott. Alle, die im Laufe der menschlichen Geschichte gestorben sind, sind zu Staub geworden, ganz egal, wie sie bestattet wurden. Die Bibel sagt dazu soviel: »Es fährt alles an einen Ort. Es ist alles aus Staub geworden und wird wieder zu Staub.« (Prediger 3,20)

Ich habe meine Frau einmal gefragt, was mit ihren sterblichen Überresten geschehen soll, wenn die Mediziner und die Forschung alles Brauchbare entnommen haben. Ich fragte sie, ob ich diese Überreste dann bestatten oder verbrennen lassen sollte. Sie antwortete humorvoll: »Da lasse ich mich überraschen!« Mir macht es nichts aus, über unsere sterblichen Überreste zu scherzen, weil die Trauer über den Tod verschlungen wird von der herrlichen Auferstehung, wie sie im Wort Gottes beschrieben wird.

»Und wie wir getragen haben das Bild des irdischen (Menschen), so werden wir auch tragen das Bild des himmlischen. Das sage ich aber, liebe Brüder, daß Fleisch und Blut das Reich Gottes nicht ererben können; auch wird das Verwesliche nicht erben die Unverweslichkeit. Siehe, ich sage euch ein Geheimnis: Wir werden nicht alle entschlafen, wir werden aber alle verwandelt werden; und das plötzlich, in einem Augenblick, zur Zeit der letzten Posaune. Denn es wird die Posaune erschallen, und die Toten werden auferstehen unverweslich, und wir werden verwandelt werden. Denn dies Verwesliche muß anziehen die Unverweslichkeit, und dies Sterbliche muß anziehen die Unsterblichkeit. Wenn aber dies Verwesliche anziehen wird die Unverweslichkeit, dann wird erfüllt werden das Wort, das geschrieben steht: ›Der Tod ist verschlungen vom Sieg.‹« (1. Korinther 15,49-54)

Es liegt wahrscheinlich auf der Hand, daß Bestattungsunternehmen es schwerer hätten, ihren Lebensunterhalt zu verdienen, wenn meine Empfehlungen von der Mehrzahl aller Christen beherzigt würden. Ich wünsche zwar all den guten Leuten im Bestattungsgewerbe nichts Schlechtes, aber ich wünschte, Beerdigungen wären auch Ausdruck eines geistlichen Umgangs mit dem Geld. Das Geld sollte nicht für kostspielige Särge und für allen möglichen Beerdigungs-Schnick-Schnack ausgegeben werden, sondern zur Linderung des Leides der Lebenden und in der Arbeit für das Reich Gottes.

Das Scheiden aus diesem Leben soll aber nicht ohne jegliches Zeremoniell vonstatten gehen. Ich bin davon überzeugt, daß es einen Abschieds-Gottesdienst sogar geben *muß*. Sterberituale sind von wesentlicher Bedeutung, um die wichtigen Übergänge in unserem Leben zu kennzeichnen. Es ist äußerst wichtig, den Verlust eines geliebten Menschen zu bedenken, daß dieser Mensch geehrt wird, daß die Hinterbliebenen mit dem Schmerz umgehen können und daß die Menschen, die durch die Liebe des/der Verstorbenen verbunden sind, durch eine Feier vereint werden. Das alles ohne einen Gottesdienst zu tun, würde den Umgang mit dem Tod noch schwieriger machen. Vieles, wofür der Verstorbene gelebt hat, wäre verloren oder würde einfach übersehen. Meine Mutter hat vor ihrem Tod den Ablauf ihrer Beerdigung in allen Einzelheiten festgelegt. Sie suchte die Lieder aus und die Bibelstellen, die vorgelesen werden sollten. Sie gab mir ganz klare Anweisungen, was über sie und ihr Leben nach dem Tod gesagt werden sollte.

Meine Mutter war ständig damit beschäftigt, selbst die entferntesten Verwandten zu Familientreffen zu versammeln. Bei ihrem Beerdigungs-Gottesdienst sollten sich alle dazu verpflichten, untereinander Kontakt zu halten und besonders an Feiertagen oder zu anderen besonderen Gelegenheiten sich gegenseitig anzurufen und sich zu treffen. Ihre Pläne wurden bei der Trauerfeier verwirklicht, und wir haben ihre Hoffnungen bis jetzt erfüllt. Ihr Beerdigungs-Gottesdienst erneuerte den Wunsch unter uns Hinterbliebenen, uns gegenseitig zu lieben und in Kontakt zu bleiben. Für mich linderte die Beerdigung den Kummer.

12. Sollte man die Eltern im Altenheim unterbringen?

Bei diesem Thema möchte ich beide Positionen erörtern.

Als erstes werde ich ein paar Argumente für ein mögliches »Nein« vorbringen.

Vor 25 Jahren übernahm ich die Pfarrstelle in einer Vorortgemeinde von Philadelphia mit etwa 400 Gemeindegliedern. Dort bekam ich eine Besuchsliste von Menschen, die nicht mobil waren. Ganz oben auf der Liste stand der Name einer alten Dame, die in einem Altenpflegeheim des Landkreises lebte. Ich wollte sie dort besuchen, um ihr zu sagen, daß ihre Gemeinde an sie dachte und für sie betete.

Als ich in dem Altenheim ankam, fragte ich am Empfang nach, wo ich die alte Dame finden könne. Die Frau am Empfang ging einen Stapel Karteikarten durch und fand schließlich die gesuchte. Auf der Karte war auch vermerkt, von wem sie in den vergangenen Jahren besucht worden war. Zu meinem Erstaunen war ich seit einem halben Jahr der erste Besuch. Ich wußte, daß die alte Dame ganz in der Nähe Verwandte hatte, und einige von ihnen waren treue Mitglieder meiner Gemeinde. Ich konnte kaum glauben, daß diese Leute es versäumt haben sollten, ihre Verwandte zu besuchen.

Die Angestellte erklärte mir daraufhin recht betroffen, das dies absolut kein Einzelfall sei. Freunde und Verwandte fänden solche Besuche schmerzlich und bedrückend, außerdem riefen sie Schuldgefühle hervor, mit denen sie nicht fertig werden könnten. Ich war mir nicht ganz sicher, ob ich das verstand, aber ich fragte nicht weiter nach.

Ich eilte zur Station, wo mein Gemeindeglied untergebracht war. Was ich vorfand, erfüllte mich mit Unbehagen. Die Station war sehr sauber, um nicht zu sagen steril. Die

Wände waren weiß gefliest und der Linoleumboden makellos. An beiden Längswänden des Zimmers standen Betten. Später habe ich sie einmal gezählt: An jeder Wand standen 20 Betten mit 20 alten Frauen, die auf ihren Tod warteten. Die diensthabende Altenpflegerin deutete auf ein Bett, das im hinteren Drittel der einen Reihe stand. Dort lag die Frau, die ich besuchen wollte.

Auf dem Weg mußte ich an einer Frau vorbei, die vor aller Augen auf einem Nachtstuhl saß. Ich war schockiert und hoffte, sie hatte nicht bemerkt, daß ich sie gesehen hatte. Zweifellos hatte sie den größten Teil ihres Lebens nach puritanischen Werten gelebt; es mußte für sie der blanke Horror sein, wenn ein junger Mann sie in diesem Zustand sehen konnte.

Meine Sorge war allerdings unbegründet. Die alte Dame war verwirrt und hatte keine Verbindung mehr zur Wirklichkeit. Sie babbelte unablässig vor sich hin, und es war ihr scheinbar völlig gleichgültig, wo sie war und was sie tat. Später fragte ich mich, ob ihre Senilität und die geistige Abwesenheit nicht ein Abwehrmechanismus gegen ihre Lebensumstände waren. Als ich an das Bett der Frau trat, die ich besuchen wollte, schien es, als sei sie in einem Trancezustand. Ihre Augen waren offen, aber sie starrte mit leerem Blick ins Nichts. Ihr Mund stand offen, und sie lag völlig reglos da. Alles an ihr war sauber, sogar ihr völlig wirres Haar, aber sie schien einfach »nicht dazusein«.

Als ich sie ansprach, verschwand das ziellose Starren jedoch. Sie zwinkerte ein paarmal mit den Augen und wandte sich mir langsam zu. Ich sagte ihr, wer ich sei und warum ich gekommen sei, und sie lächelte. Und dann sprach sie mich zu meinem völligen Erstaunen auf klare, intelligente Weise an. Wir unterhielten uns etwa eine halbe Stunde lang, wobei ich erfuhr, daß sie nicht bettlägerig war, sondern nur nicht wußte, wie sie sich sonst beschäftigen sollte.

Am Ende meines Besuches fragte ich, ob ich für sie beten

solle. Sie nickte, und als ich sie nach besonderen Anliegen fragte, antwortete sie: »Bitten Sie Ihn, daß Er mich heimholt!« Diese traurige, einsame alte Dame wollte sterben, und ich konnte es ihr nicht verdenken.

Mein zweiter Besuch fiel zufällig in die Mittagszeit. Als ich an ihrem Bett saß, kam eine Pflegerin mit einem Essenswagen herein. Sie nahm ein Tablett, trug es zu dem ersten Bett in der langen Reihe und fing an, die Dame in dem Bett zu füttern. Mich verstörte sehr, was ich da sah und hörte. Die Pflegerin half der alten Dame, sich im Bett aufzusetzen, zwang ihr den Mund auf und schob einen Löffel voll Essen hinein. Nach jedem Löffel, den sie in die Frau hineinstopfte, schrie sie mit lauter Stimme: »Schlucken!« Die arme alte Frau versuchte, eher mechanisch, zu gehorchen, war aber offenbar überhaupt nicht am Essen interessiert. Ein Großteil von dem, was in sie hineingestopft wurde, rann nach jedem Löffel aus dem halb geöffneten Mund wieder heraus. Das Essen lief ihr am Kinn herunter auf die Kleidung, aber weder sie noch die Pflegerin registrierten das.

Schweigend beobachtete ich den Vorgang, aber als ich sah, daß die nächste alte Frau der gleichen Prozedur unterworfen wurde, hielt ich es nicht mehr aus. Ich ging hinüber zu der Pflegerin und fragte: »Muß das denn wirklich sein? Könnten Sie die Mahlzeit für die Frau nicht ein bißchen angenehmer gestalten?« Die Pflegerin unterbrach ihre Tätigkeit kurz, sah mich direkt an und antwortete: »Ja, das muß sein!« Dies sei auch nicht ihre Vorstellung von einem guten Leben. Sie müsse 30 Frauen füttern, und dazu hätte sie genau anderthalb Stunden Zeit. Einige Frauen könnten oder wollten nicht selbst essen. Dieses Altenpflegeheim sei ebenso wie viele andere personell völlig unterbesetzt. Die alten Frauen müßten auf dieser Station entweder so unmenschlich gefüttert werden, wie ich es eben gerade miterlebt hätte, oder sie könnten überhaupt nicht gefüttert werden. Was ich für eine scheußliche Behandlung der Alten hielt, war für die Pflegerin die einzige Möglichkeit, ihre Arbeit zu schaffen.

Als die Pflegerin merkte, daß ich Pastor bin, schlug sie vor: »Wenn Sie hier wirklich etwas ändern wollen, warum schikken Sie mir dann nicht regelmäßig ein paar Frauen aus der Gemeinde, um mir beim Füttern zu helfen? Das würde zwar am Problem grundsätzlich nichts ändern, aber dadurch kämen wenigstens ein paar alte Frauen in den Genuß einer menschenwürdigen Mahlzeit.« Am nächsten Sonntag fragte ich die Leiterin der Frauenhilfe meiner Gemeinde, ob sie genau das tun könnten. Sie hielt das für eine gute Idee, kam aber nie dazu, sie auch in die Tat umzusetzen. Es ist immer einfacher, Geld zu sammeln oder Geschenkpäckchen für Menschen auf der anderen Seite des Erdballs zu packen, als Zeit mit den verzweifelten Menschen in unserer unmittelbaren Umgebung zu verbringen.

Ich will mit meiner Schilderung keineswegs dieses Altenheim schlechtmachen. Es war dort wirklich sauber, und den meisten Angestellten schien das Wohl der Alten am Herzen zu liegen. Das Essen war besser, als man es an so einem Ort vermutet hätte. Die Heimbewohner wurden mit allem Lebensnotwendigen versorgt. Und dennoch erschien mir die ganze Szenerie schrecklich. Ich verließ diesen Ort mit der Hoffnung, nicht selbst in so einer Einrichtung dahinsiechen zu müssen und nur noch auf meinen Tod zu warten. Ich hoffte, es bliebe mir erspart, dort von den Menschen zurückgelassen zu werden, denen zwar etwas an mir liegt, die aber auch ihr eigenes Leben leben müssen. Diese Altenheim-Erfahrung ließ mich wünschen, entweder durch einen Herzinfarkt tot umzufallen oder aber bei einem Unfall umzukommen, wenn ich einmal so alt und hilflos werde, daß ich nicht mehr selbst für mich sorgen kann.

Das zweite Szenario dreht sich um eine Familie, die den alternden Vater selbst versorgen wollte, statt ihn in irgendeine

Einrichtung zu stecken. Es waren gute Menschen, die schworen, »den lieben alten Vater nie an so einem Ort enden zu lassen«. In den ersten Jahren ging es dem alten Witwer noch ziemlich gut, und er war so eine Art gesellige Würze im Familienleben. Er war noch ziemlich fit und rege, und seine Geschichten aus der »guten alten Zeit«, egal ob Wahrheit oder Erfindung, waren für die beiden Enkelsöhne immer besonders unterhaltsam.

Aber dann zeigte der alte Mann Anzeichen von Alzheimer. Er verlor immer ein bißchen mehr die Verbindung zur Realität. Irgendwann erkannte er kaum noch seinen eigenen Sohn und die Schwiegertochter, und schließlich wußte er nicht einmal mehr, wer er selbst war. Weitere Probleme kamen hinzu. Der alte Mann hatte keine Kontrolle mehr über seine Ausscheidungen. Die kleinen »Unfälle« mußte die Schwiegertochter beseitigen.

Das Zuhause wurde zu einem bedrückenden Ort. Die beiden Jungen, inzwischen Teenager, hielten sich so wenig wie möglich dort auf und brachten auch nie Freunde mit nach Hause. Das fürsorgliche Ehepaar, das sich auf das Abenteuer der Liebe eingelassen hatte, erlebte die ersten Spannungen. Freude, die immer ein entscheidender Bestandteil ihrer Ehe gewesen war, schien sich einfach in Luft aufgelöst zu haben. Weil sie den Vater auf keinen Fall allein zu Hause lassen konnten, konnten sie noch nicht mal hin und wieder ausgehen. Dies ist wichtig, um eine Ehe lebendig zu erhalten. Außerdem gab es zunehmend Geldprobleme und immer häufiger Streit über dieses Thema. Die Kosten für die erforderliche Hilfe bei der Pflege erwiesen sich als fast untragbar für die aufopferungswillige Familie. Das Geld, das für die Ausbildung der beiden Söhne vorgesehen war, schmolz langsam dahin.

Die ganze Situation spitzte sich immer mehr zu und war trauriger, als man es in Worten beschreiben kann. Immer öfter kam die Frage in mir hoch, ob es nicht besser gewesen wäre, den alten Mann in einem Pflegeheim unterzubringen. Steht nicht in der Bibel, daß keine andere zwischenmenschliche Beziehung Priorität vor der Ehe haben soll? Der Apostel Paulus ermahnt doch die Epheser, einander anzuhangen, auch wenn das bedeutet, alle anderen - selbst die Eltern - zu verlassen. Und Jesus sagt:

»Darum wird ein Mann seinen Vater und seine Mutter verlassen und wird an seiner Frau hängen, und die zwei werden ein Fleisch sein. So sind sie nun nicht mehr zwei, sondern ein Fleisch«. (Markus 10,7-8)

Das dritte Beispiel habe ich bei den Hutterern kennengelernt. Das ist eine Gemeinschaft von Christen, die zu den frühreformatorischen Kirchen gehören. Die Hutterer haben sich wie ihre mennonitischen Brüder und Schwestern verpflichtet, die Werte und Anweisungen der Bergpredigt (Matthäus 5-7) konkret anzuwenden und zu leben. Sie akzeptieren die Fürsorgepflicht für die Alten, die auch finanzielle Opfer erfordert, ebenso wie die Feindesliebe, die zum Pazifismus führt. Im Unterschied zu den Mennoniten jedoch leben sie in Gemeinschaften. So versuchen sie einen christlichen Lebensstil zu führen, wie er im zweiten Kapitel der Apostelgeschichte beschrieben wird. Eine dieser Gemeinschaften namens »Bruderhof« liegt nördlich von New York City und ist ein Zuhause für nicht wenige Hutterer und Christen anderer Denominationen geworden, die sich dieser Art Lebensführung verbunden fühlen.

Der »Bruderhof« ist wirtschaftlich autark. Die Bewohner stellen ihre Nahrungsmittel selbst her. Außerdem betätigen sie sich in einigen recht profitablen ländlichen Produktionszweigen. Mahlzeiten werden gemeinsam eingenommen, es finden regelmäßig Vollversammlungen der Bewohner statt sowie gemeinsame Gottesdienste und Andachten. Außerdem gibt es die Verpflichtung der gegenseitigen Fürsorge untereinander. Die einzelnen Mitglieder verpflichten sich, eine große Familie zu sein. Auf dem »Bruderhof« fällt die Versorgung der Alten und Pflegebedürftigen nicht den Kernfamilien zu, sondern die ganze Gemeinschaft übernimmt diese Aufgabe. Sie ist eine Art erweiterte Familie, in der die Alten als Väter und Mütter aller betrachtet werden. Die Vorteile einer solchen Regelung liegen auf der Hand. Kein Ehepaar muß allein die Kosten tragen, wenn ein Elternteil oder ein anderer älterer Verwandter pflegebedürftig wird oder teure medizinische Behandlung braucht. Kein Ehepaar muß bis zur körperlichen Erschöpfung arbeiten, weil es die Pflege und Fürsorge für einen Elternteil übernommen hat. Die manchmal überwältigenden zeitlichen und psychischen Anforderungen, die eine einzelne Person oder ein Ehepaar erleben, wenn sie außerhalb einer solchen Gemeinschaft leben, werden bei den Hutterern geteilt.

Das Mitgefühl und Engagement aller Mitglieder steigert bei jedem die Würde und das Selbstwertgefühl. Kurz: Die Fürsorge für die Alten, auch wenn sie krank und schwach sind, wird zur Freude und zum Vorrecht. Auf dem »Bruderhof« können Kinder Vater und Mutter ehren – wie es die Bibel verlangt, aber sie werden mit dieser Verantwortung nicht allein gelassen. Denn wenn man mit so einer anspruchsvollen Aufgabe allein auf sich gestellt ist, können andere Beziehungen unter Umständen sehr darunter leiden.

Man mag einwerfen, daß die hutterische Lösung des Problems zwar einsichtig, aber für die meisten Christen nicht durchführbar ist. Manche behaupten, daß das Bruderhof-Modell nicht in den Lebensstil paßt, der von der modernen westlichen Kultur vorgegeben wird. Natürlich spricht vieles für diese Sichtweise. Aber bevor wir den hutterischen Weg zu schnell verwerfen, sollten wir uns ein paar wichtigen Fragen stellen. Zwingt uns der westliche Lebensstil, bestimmte christliche Verantwortlichkeiten abzuschaffen – wie alternde Eltern zu Hause bei sich aufzunehmen und zu pflegen? Wenn das so ist, sollte man dann nicht einen alternativen Lebensstil wie die Hutterer einüben?

Können Kinder heutzutage noch christlich erzogen werden in einem Umfeld, das nur die von Medien propagierten Werte und Denkweisen akzeptiert? Falls nein, sollen dann unsere Kinder nicht besser in einer Umgebung aufwachsen, die sich an die derzeitige herrschende Kultur nicht anpaßt? Hat nicht der individualistische Lebensstil mit seiner Konzentration auf die Anhäufung von Privatvermögen eine Welt geschaffen, in der eine etwas verfeinerte Version des »Gesetzes des Dschungels« herrscht? Warum scheint es dann so unrealistisch, sich für ein Leben in einer christlichen Gemeinschaft zu entscheiden, in der Menschen sich gegenseitig etwas geben, so weit ihnen das möglich ist, und von den anderen ihren Bedürfnissen entsprechend nehmen? Ist es in einer Gesellschaft mit einer kulturellen Religion, die dem zu widersprechen scheint, was Jesus in den Seligpreisungen festgesetzt hat (Matthäus 5,3-10), nicht vernünftig, wenn Christen mit denen leben möchten, die die Bergpredigt ernst nehmen wollen?

Wir sollten fairerweise zugeben, daß die meisten den Lebensstil der Gemeinschaft, wie er auf den Bruderhöfen praktiziert wird, nicht ablehnen, weil er eine unvernünftige christliche Antwort auf die moderne westliche Kultur ist. Wir hängen zu sehr an dieser Welt und weigern uns, die weltlichen Freuden aufzugeben. Aber wenn wir vom Lebensstil der Bruderhöfe schon nichts wissen wollen, sollten wir wenigstens ehrlich eingestehen, daß wir damit eines der wenigen Gesellschaftsmodelle ablehnen, die den alten Familienmitgliedern (die wir zu lieben behaupten) Würde und Wohlbefinden ermöglichen.

Die Frage ist nach wie vor offen, ob man alte Eltern in einem Altenheim unterbringen sollte oder nicht. Wir haben noch nicht einmal alle Möglichkeiten der Versorgung und Pflege genannt, die Senioren mit genügend Geld offenstehen. Es sollte jedoch deutlich geworden sein, daß es hier keine allgemeingültige Antwort geben kann. Meine persönliche Präferenz, alte Eltern in der eigenen Familie zu versorgen, ist vielleicht eher die Folge meiner italienischen Erziehung als das Befolgen biblischer Imperative.

Wie auch immer wir uns entscheiden, bestimmte Punkte sollten wir dabei im Auge behalten:

1. Alte Männer und Frauen sollten in einer Umgebung leben, in der sie selbst bestimmen können, was mit ihnen geschieht. Viel zu oft verweigert man alten geistig hellwachen Menschen die Möglichkeit, Entscheidungen über ihre eigene Zukunft selbst zu fällen. Sie sollten das Recht haben, ihre Ärzte und Schwestern selbst auszusuchen. Sie sollten selbst bestimmen können, was sie essen wollen, und auch Einfluß nehmen auf Qualität und Menge des Essens. Sie sollten die Freiheit haben, ihre Zeit so einzuteilen, wie sie wollen, und kommen und gehen können, wie sie möchten. Das alles setzt natürlich voraus, daß sie dazu noch in der Lage sind. Wenn ihnen solche Rechte aberkannt werden, wird Senilität und körperlicher Verfall unnötig gefördert.

2. Die Alten dürfen nicht vom gesellschaftlichen Leben ausgeschlossen werden. Sie sollten mit Menschen verschiedenen Alters und unterschiedlichem Hintergrund Kontakt haben. Es ist unter Umständen bedrückend, wenn man seine Bedürfnisse nach Gesellschaft nur in einer einzigen homogenen Gruppe befriedigen kann.

3. Die alten Menschen sollten wie Erwachsene behandelt werden. Diese Forderung mag sich auf Anhieb seltsam anhören, aber Soziologen beobachten seit langem, daß mit Alten oft wie mit kleinen Kindern gesprochen wird. Achten Sie einmal darauf, wie mit alten Menschen gesprochen wird. Die Wortwahl, der Satzbau und auch die Gesprächsthemen, die alte Menschen über sich ergehen lassen müssen, ähneln viel zu oft dem Gesprächsstil gegenüber vierjährigen Kindern.

Außerdem wissen Soziologen seit langem, daß der Umgang mit einem Menschen großen Einfluß darauf hat, wie er wird. Wir müssen uns fragen, ob alte Menschen sich oft wie Kinder benehmen, weil sie wie kleine Kinder betrachtet und entsprechend behandelt werden.

4. Und als letztes: Wir müssen die Worte des Apostels Jakobus beherzigen: Er sagt, daß wir noch keinen wahren Glauben haben, wenn er uns nicht dazu motiviert, *regelmäßig die Witwen und Witwer zu besuchen und ihnen unsere Liebe zu erweisen:* »Ein reiner und unbefleckter Gottesdienst vor Gott, dem Vater, ist der: die Waisen und Witwen in ihrer Trübsal besuchen und sich selbst von der Welt unbefleckt halten« (Jakobus 1,27).

Was das bedeutet, ist ziemlich klar. Alte Menschen dürfen von der christlichen Gemeinde nicht vernachlässigt werden. Wir müssen immer neue Möglichkeiten und Wege suchen, um sie zu integrieren.

Derzeit findet in Florida mit großem Erfolg ein Versuch statt, wie man die Betreuung von Senioren menschlicher gestalten kann. Zweimal in der Woche verbringen Kinder aus einer nahegelegenen Kindertagesstätte den ganzen Tag mit den alten Leuten. Den Kindern macht es großen Spaß, einmal so viel Aufmerksamkeit zu bekommen, und die alten Menschen finden es richtig toll, zu spielen und dem endlosen Geplapper der Kinder zuzuhören. Inzwischen haben sich schon richtige Freundschaften zwischen den Generationen entwickelt, die für beide Seiten ein Segen sind.

Ich kenne noch eine einfallsreiche Maßnahme. Ein paar ältere Frauen würden ein sehr isoliertes, zurückgezogenes Leben in ihren respektablen Häusern führen, wenn sie nicht jeden Morgen zu Hause abgeholt und in die Gymnastikhalle einer Kirchengemeinde gebracht würden. Diese Frauen haben alle denselben deutschen mennonitischen Hintergrund, wo Nähen und Handarbeiten allgemein sehr gefördert wurden. Sie treffen sich nun in der Gemeinde, um herrliche, kunstvolle Quilts herzustellen. Ihre Fertigkeiten und ihr Können würden sonst vielleicht verkümmern oder ganz in Vergessenheit geraten.

Einmal im Jahr erzielen diese Quilts bei einer öffentlichen Versteigerung sehr gute Preise. Käufer reisen Hunderte von Meilen an, um einen Quilt zu erstehen. Der Erlös wird für die Missionsarbeit verwendet. Auf diese Weise wird die Kreativität der alten Damen genutzt und geachtet, die Missionsarbeit gefördert, und - vielleicht das Allerwichtigste - die Frauen sind stundenlang zusammen und haben viel Spaß bei der Arbeit und Gesprächen.

Es ist auch eine gute Idee, wenn Gemeinden Tagesstätten für Senioren einrichten. Immer mehr Gemeinden bieten Einrichtungen an, wo erwachsene Kinder ihre alten Eltern morgens hinbringen und abends nach der Arbeit wieder abholen können. So können die alten Menschen auch weiterhin mit ihren berufstätigen Kindern zusammenleben, ohne zu viele Umstände zu machen. Es gibt in manchen Gemeinden auch eine Art »Sitting«-Dienst für alte Menschen. Jemand kommt für ein paar Stunden ins Haus, um einen alten Menschen zu versorgen, während die Angehörigen einmal einen Abend ausgehen können. So ist es möglich, Eltern bei sich zu Hause aufzunehmen und zu versorgen und dennoch ein relativ normales Leben zu führen.

Solche Regelungen können ausgesprochen gut funktionieren, solange die alten Menschen noch nicht bettlägerig sind. In dem Fall ist dann vielleicht ein Pflegeheim doch die einzige Möglichkeit. Aber selbst wenn es dazu kommt, sollten die alten Menschen im Namen Jesu betreut werden. Wenn die Senioren mehrmals wöchentlich von verschiedenen Gemeindegliedern besucht werden und regelmäßig schriftliche Grüße und Telefonanrufe bekommen, werden sie sich auch weiterhin als vollwertige Mitglieder der christlichen

Gemeinde fühlen. Bettlägerige alte Menschen können für andere Gemeindeglieder beten und leisten auf diese Weise auch weiterhin einen wichtigen Beitrag zum Gemeindeleben.

Ich habe einmal eine Gemeinde in North Dakota besucht, die sich besonders um eine alte Dame kümmerte. Sie war jahrelang ein treues Gemeindeglied gewesen. Als sie in ein Altenheim kam, wurde sie von Leuten aus der Gemeinde regelmäßig besucht und angerufen, und ihr wurde die Aufgabe übertragen, jeden Tag für jedes Gemeindemitglied zu beten. Bei meiner Ankunft sagte man mir, es sei Sitte, daß Gastprediger kurz beim Altenheim haltmachten und die bettlägerige alte Dame besuchten. Als ich ihr Zimmer betrat, blickte sie zu mir auf und fragte: »Warum sind Sie hergekommen? Sind Sie gekommen, um über Jesus zu reden oder über den Wind oder über die Haare an meinem Kinn?«

Sie war gerade dabei gewesen zu beten, und sie wollte ihre Aufgabe nur unterbrechen, wenn es im Gespräch um ihren Herrn ging. Obwohl sie ans Bett gefesselt war, hatten die Leute aus ihrer Gemeinde eine Möglichkeit gefunden, sie aktiv an ihrem Gemeindeleben zu beteiligen.

In unserem Land überaltert die Bevölkerung langsam. Eine höhere Lebenserwartung und niedrige Geburtenraten lassen den Anteil alter Menschen an der Gesamtbevölkerung steigen. Damit wird das Problem der Versorgung und der Fürsorge für die alten Menschen immer dringlicher. Wir müssen bessere Lösungen dafür finden, weil alle bestehenden Möglichkeiten der Versorgung und Betreuung alter Menschen nicht gerade anziehend sind. Man sollte heute damit anfangen, die alten Menschen so zu behandeln, wie man selbst einmal im Alter behandelt werden möchte. Diese »goldene Regel« sollten wir sofort in die Tat umsetzen.

Denken Sie darüber nach. Beten Sie darüber. Tun Sie etwas, um heute im Leben mindestens eines alten Menschen etwas zu verändern.

13. Dürfen geschiedene Christen wieder heiraten?

Wenn Sie über 50 sind, erinnern Sie sich bestimmt an die Zeit, als Scheidungen unter Christen eine Seltenheit waren. Wurden Gemeindeglieder dennoch geschieden, heirateten sie in der Regel nicht wieder. Eine Wiederheirat zu Lebzeiten des geschiedenen Ehepartners war für sie Ehebruch. Als die Jünger Jesus zu diesem Thema fragten, sagte er zu ihnen: »Wer sich scheidet von seiner Frau und heiratet eine andere, der bricht ihr gegenüber die Ehe; und wenn sich eine Frau scheidet von ihrem Mann und heiratet einen andern, bricht sie ihre Ehe« (Markus 10,11-12).

Vor 25 Jahren hätte kein bibeltreuer Pastor geschiedene Menschen getraut. Verheiratete Menschen, deren geschiedene Ehepartner noch lebten, lebten nach geltender Auffassung »in Sünde«. Für sie war es schwierig, Mitglied in einer evangelikalen Gemeinde zu werden. Und ganz bestimmt konnten Geschiedene nicht Gemeindepastoren werden. Zerbrochene Ehen disqualifizierten Geistliche ein für allemal, das Wort Gottes von der Kanzel zu predigen. Die Zeiten haben sich in der Tat geändert! Heute sind Scheidungen auch bei Evangelikalen nicht ungewöhnlich, und manche der bekanntesten fundamentalistischen Leitfiguren und Fernsehevangelisten sind in zweiter (oder gar dritter) Ehe verheiratet. Es wird immer seltener, daß Gemeinden Paaren die Mitgliedschaft verweigern, weil ein Ehepartner oder beide geschieden sind.

Ich glaube, daß wir zu locker mit dem Thema Scheidung umgehen. Dadurch haben wir ein soziales Klima geschaffen, in dem die Scheidung vorschnell als Ausweg betrachtet wird.

Früher fühlten sich Leute mit Eheproblemen von Gesellschaft und Kirchen gedrängt, an der Verbindung festzuhalten. Deswegen versuchten sie, das Beste aus ihrer Situation zu machen, und setzten alles daran, ihre Ehe zu verbessern. Viele konnten deswegen ihre Ehe retten und stellen auch rückblickend fest, daß es richtig war, zusammenzubleiben. Der frühere Druck, die Ehe aufrechtzuerhalten, war eine Hilfe, um auch die schweren Zeiten miteinander durchzustehen. Die Paare blieben so zusammen und arbeiteten gemeinsam daran, positive Beziehungen aufzubauen, statt einen vorschnellen Ausweg aus den Spannungen zu suchen.

Wohl jedes Ehepaar gerät irgendwann unweigerlich in Krisen oder an einen Punkt, wo einer von ihnen oder beide sich fragen, warum sie diesen Menschen überhaupt geheiratet haben. Sie denken daran, was es für eine Erleichterung wäre, wieder »frei« zu sein. Den weiteren Verlauf in solchen problematischen Zeiten bestimmt entscheidend die Grundeinstellung des Paares.

Wenn zwei Menschen *bewußt den Entschluß fassen,* daß ihre Ehe trotz Enttäuschung und Irritationen funktionieren wird, werden sie es wahrscheinlich schaffen. Es ist die Aufgabe der Gesellschaft und ganz sicher die Verantwortung der Gemeinden, Menschen zu helfen, verheiratet zu bleiben, indem sie ein positives Klima für Ehen schaffen. Ich stimme mit den Sozialwissenschaftlern überein, die davon ausgehen, daß Scheidung ansteckend ist. Wenn ein Ehepaar weiß, daß ein hoher Prozentsatz von Ehen wieder auseinandergeht, hält es Krisen und Durststrecken schwerer durch.

Wenn Scheidung als gängige Lösung der Schwierigkeiten in der Ehe betrachtet wird, wird sie zur Alternative, die von anderen unter Umständen schnell übernommen wird.

Aber nicht alle Ehen müssen um jeden Preis aufrechterhalten werden. Manche Ehen sollten beendet werden, weil sie zerstörerisch und/oder gefährlich sind. Eine Ehe kann lebensbedrohlich sein, wenn beispielsweise eine Frau von ihrem Mann körperlich mißhandelt wird. Es wäre töricht, solchen Frauen zu raten, bei ihren Männern zu bleiben. Es sei denn, die betreffenden Männer wären bereit, fachkundige Hilfe zu suchen, um an ihrem Hang zur Gewalt zu arbeiten. Aber selbst dann ist noch Vorsicht geboten, weil hier auch psychologische Betreuung keine hohe Erfolgsquote aufweist. Wer ohne Einschränkung fordert, daß sich die Frau auch angesichts solcher Umstände ihrem Mann unterzuordnen hat, benutzt die Bibel als Knebel statt als Ratgeber. Damit erweisen sie vielen Frauen einen schlechten Dienst. In solchen Fällen ist eine Scheidung zwar immer noch höchst bedauerlich, aber gerechtfertigt. Dieser Rat ist auch in Fällen von psychischer Mißhandlung geboten.

In anderen Fällen ist eine Scheidung unumgänglich, weil das seelische und körperliche Wohl von Kindern auf dem Spiel steht. Viele Kinder haben sexuellen Mißbrauch oder andere unmenschliche Behandlung erlitten, weil Eltern die Ehe unbedingt aufrechterhalten wollten. Ich kenne den Fall einer Frau, die wußte, daß ihr Mann die gemeinsame Tochter sexuell mißbrauchte. Sie bat lediglich ihren Mann, damit aufzuhören, und blieb ansonsten untätig. Sie blieb trotz der fortdauernden Mißhandlung der Tochter bei ihrem Mann, weil sie gelernt hatte, daß eine christliche Ehefrau bei ihrem Mann bleiben müsse, bis daß der Tod sie scheide.

Die Bibel spricht nicht in erster Linie gegen Scheidung, sondern vielmehr gegen Wiederheirat. Ich glaube, daß Jesus das Recht auf Scheidung bestätigt, um ein Übermaß an Übel zu vermeiden.

Manchmal werden Christen gegen ihren Willen geschieden. Nach derzeitig geltendem Recht können Christen die Erfahrung machen, daß ihre Ehepartner auch ohne ihre Zustimmung die Ehe beenden und eine neue eingehen. Es ist wohl überflüssig zu erwähnen, daß diejenigen nicht verurteilt werden können, die weder auf eigenen Wunsch noch aufgrund einer eigenen Entscheidung aus einer Ehe herausgestoßen werden.

Eine Freundin von uns – eine großartige College-Dozentin – hat so etwas erlebt. Sie und ihr Mann waren beide humanistisch ausgerichtet und Agnostiker. Eines Nachts wachte die Frau mit dem machtvollen Bewußtsein der Gegenwart Gottes auf. Die Freundin stellte fest, daß sie »in Sprachen« betete und Gott lobte, obwohl er ihr ein paar Stunden zuvor noch völlig fremd gewesen war. Als sie am Morgen ihrem Mann von ihrem Erlebnis erzählte, war er kein bißchen beeindruckt. Für ihn war klar, daß sie nun »völlig durchgedreht« sei und psychiatrische Hilfe brauche. Als sie in den folgenden Monaten im Glauben weiterging, konnte er sie immer weniger verstehen, geschweige denn ihren neugefundenen Glauben an Jesus Christus teilen. Er distanzierte sich von ihr und wurde zunehmend feindselig. Er begann sich für andere Frauen zu interessieren, die mit ihm intellektuell und weltanschauungsmäßig auf einer Wellenlänge lagen, und schließlich ließ er sich von seiner Frau scheiden, um seine neue Freundin zu heiraten. Diese Scheidung geschah nicht auf die Initiative unserer Freundin hin. Sie hofft bis heute, daß ihr Mann Jesus Christus kennenlernt.

Geschiedene haben auch weiterhin Verantwortung und Verpflichtungen ihren ehemaligen Ehepartnern gegenüber. Das steht im Gegensatz zu den Überzeugungen und Praktiken des Altertums. Zur biblischen Zeit war Scheidung ein alleiniges Vorrecht des Mannes, und sobald er die Scheidung ausgesprochen hatte, waren die Verpflichtungen gegenüber der ehemaligen Ehefrau beendet. Ehefrauen konnten ohne jegliche Unterstützung und Hilfe verlassen werden. Weil sie durch die Ablehnung des Mannes entehrt waren, kam es gar nicht selten vor, daß ihre eigene Familie sich weigerte, sie wieder bei sich aufzunehmen. Oft mußten diese Frauen betteln oder sich prostituieren, um zu überleben. Jesus war auch so sehr gegen Scheidung, weil er diese traurige Lage von Scheidungsopfern vor Augen hatte.

Gleichgültigkeit gegenüber Ex-Partnern erlebt man heute ebenso, wenn auch in weniger drastischem Ausmaß. Mich erstaunt immer wieder, wie wenig Interesse Geschiedene oft für ihren ehemaligen Partner bzw. ihre ehemalige Partnerin empfinden. Im ganzen Land verlassen Männer ihre Frauen und Kinder und bringen sie dadurch in eine wirtschaftliche Notlage, ohne sich dann für fünf Pfennig dafür zu interessieren, wie es ihnen geht. In zunehmendem Maße lassen aber auch Frauen ihre Familien einfach im Stich. Wie können Menschen, die einmal innig miteinander verbunden waren, so die Verbindung zueinander verlieren, daß ihnen das Wohlergehen des anderen völlig gleichgültig wird?

Eine Ehe hat so lange Gültigkeit, *bis der Tod sie scheidet.* Somit verpflichten sich zwei Menschen, wenn sie das Ehegelöbnis sprechen, den Rest ihres Lebens für das Wohl des anderen zu sorgen. Selbst wenn diese Menschen nicht mehr zusammenleben können (was sogar bei so bemerkenswerten Christen wie John Wesley, dem Begründer des Methodismus, offenbar der Fall war), bleibt die Verpflichtung bestehen, auch weiterhin für das Wohlergehen des Partners zu sorgen. Auch wenn die Ehe rein rechtlich beendet ist, sind Christen nicht von der Verpflichtung entbunden, sich um ihre ehemaligen Partner oder Partnerinnen zu kümmern. Die Fürsorge für den ehemaligen Ehepartner ist unabhängig davon, was die betreffende Person gerade tut. Für Christen bedeutet das Zerbrechen einer Ehe nicht auch das Ende liebevoller Fürsorge. Dies ist keine weit verbreitete Ansicht, aber mir scheint, daß diese Verpflichtungen im Ehegelöbnis enthalten sind, und daß sie durch eine Scheidung nicht ungültig werden.

Und damit kommen wir natürlich zu der quälenden Frage, ob geschiedene Christen wieder heiraten dürfen. Manche beziehen sich auf eine Stelle in der Bibel, wo im Falle von Ehebruch eine Ehe geschieden werden darf:

»Ich aber sage euch: Wer sich von seiner Frau scheidet, es sei denn wegen Ehebruchs, und heiratet eine andere, der bricht die Ehe« (Matthäus 19,9).

Wenn das der Fall ist, so behaupten sie, ist Wiederheirat eine gangbare Möglichkeit. Diese Einstellung erschreckt mich. Denn Ehebruch ist oft eine Reaktion auf Vernachlässigung, und die Person, der scheinbar Unrecht getan wird, trägt möglicherweise mehr Schuld am Scheitern der Ehe, als wir von außen erkennen können. Viele Leute werden durch lieblose Partner, die sie klein machen, zur Scheidung getrieben. So werden sie zu einer leichten Beute für Ehebruch mit jemandem, der ihr Selbstwertgefühl aufbaut. Außerdem fürchte ich, daß solche Einstellungen Leute zu vorschnellen Scheidungen verleiten, wenn ein Ehebruch vorgekommen ist. Viele Ehen, die durch Ehebruch angeschlagen waren, werden wieder heil. Aber manche glauben offenbar, daß ein Ehebruch automatisch das Aus für eine Ehe bedeutet.

Ich habe mich mit der Frage der Wiederheirat Geschiedener mehr gequält als mit jedem anderen schwierigen Thema. Als ich noch Pfarrer war, wurde das Thema immer und immer wieder akut.

Einerseits wußte ich, was Jesus dazu sagt, und ich hatte den Wunsch, in dieser Frage kompromißlos nach seinem Wort zu handeln. Andererseits mußte ich mich der schmerzlichen Realität stellen, daß meine Überzeugung einem Großteil der Bevölkerung innerhalb und außerhalb der Gemeinden die Gnade Gottes versagte.

Es gab einfach zu viele einsame Christen, die Partner brauchten. Es gab keine christlichen Gemeinschaften, wo sie integriert werden konnten (vielleicht sollte es solche Gemeinschaften geben). Niemand würde sie im Alter versorgen. Die einzige Zukunftsperspektive war ein einsames Altern in irgendeiner billigen Mietwohnung. Die Gemeinden sollten und könnten Alleinstehenden durchaus etwas Besseres bieten, aber sie tun es nicht. Und ich sollte über diese Menschen das Urteil permanenter Einsamkeit verhängen, die nach Gemeinschaft hungerten. Wenn geschiedene Christen sich neu verliebt hatten und mich baten, sie zu trauen, war ich immer bestürzt. In vielen Fällen schien die Antwort, die ich von meinen Lehrern auf der Bibelschule gelernt hatte, nicht richtig. Manchmal traute ich sie, nach viel innerem Kampf und ständigem Zweifel, doch.

Wenn ich jetzt auf solche Entscheidungen zurückblicke, muß ich feststellen, daß ich mir zu viel Autorität angemaßt habe. Ich hätte darüber gemeinsam mit dem Vorstand meiner Gemeinde entscheiden sollen. Es gibt durchaus Umstände, die eine Wiederheirat zulassen, aber die Entscheidung darüber ist für eine einzelne Person zu schwer und könnte willkürlich ausfallen. Jeder Einzelfall sollte genau analysiert werden, und dann sollten Pastor und Gemeindeleitung zusammen darüber beten. Ich glaube, daß die Frage nach einer Wiederheirat im Einzelfall entschieden werden muß. Die Fehler und Sünden, die zum Ende der ersten Ehe führten, sollten genau untersucht werden, und wo nötig, sollte Buße getan werden. Das Paar sollte sich über die Frag-Würdigkeit seines Wunsches sehr bewußt sein. Hier darf auf keinen Fall leichtfertig gehandelt werden.

Ich schlage dies vor, weil ich zwei Überzeugungen im richtigen Spannungsverhältnis zueinander halten möchte. Auf der einen Seite möchte ich vermitteln, daß unser Gott ein Gott der zweiten Chance und der Vergebung ist. Auf der anderen Seite möchte ich betonen, daß der Grundsatz der lebenslangen Ehe bestehen bleiben muß. Mein Vorschlag läßt der Kirche vielleicht beide Möglichkeiten. Die Wiederheirat

Geschiedener nach reiflicher Überlegung und intensivem Gebet und mit Zustimmung der Gemeindeleitung gibt eine Hoffnung auf eine mögliche Wiederheirat, ohne dies zum Normalfall zu machen. So bekommen Menschen, die noch eine Chance brauchen, eine Bestätigung, ohne daß damit Scheidung und Wiederheirat automatisch ein Anrecht jedes Christen werden.

Nach sorgsamer Abwägung akzeptiere ich eher die Wiederheirat Geschiedener, als daß ich mich strikt an biblische Richtlinien halte. Damit setze ich mich der Kritik aus, ein Liberaler zu sein, der die biblischen Gebote verlassen hat. Darüber sollte erst nach dem folgenden Beispiel aus dem praktischen Leben ein Urteil gefällt werden.

Ein Ehepaar kam zu mir und erklärte, es stecke in einer schrecklich mißlichen Lage. Beide waren schon einmal verheiratet gewesen und geschieden. Sie hatten sich im Skiurlaub in Colorado kennengelernt, hatten sich ineinander verliebt und geheiratet. Sie hatten zusammen drei Kinder und waren eine stabile Familie. Ein Jahr zuvor waren beide zum Glauben an Jesus Christus gekommen und wollten jetzt im Gehorsam gegenüber der Bibel leben. Nun hatten sie erfahren, was die Bibel zum Thema Wiederheirat sagt, und empfanden Schuld.

Sie wollten wissen, was sie jetzt tun sollten. Sollten sie sich trennen, weil ihr Zusammenleben als Ehebruch betrachtet werden könnte? Und was sollten sie mit ihren ersten Ehepartnern tun, die beide inzwischen ebenfalls wieder geheiratet und Kinder mit den neuen Ehepartnern bekommen hatten?

Ich betete zusammen mit dem Paar und drängte sie, wirklich Buße zu tun für die Fehler und Sünden, die zum Scheitern ihrer ersten Ehe geführt hatten. Das taten sie. Sie versuchten sogar beide, Kontakt mit ihren ehemaligen Ehepartnern aufzunehmen und um Vergebung zu bitten.

Der Versuch des Mannes löste viel Gutes aus. Seine ehemalige Frau und ihr neuer Ehemann wurden beide Christen. Das Bekennen der Schuld, die zu der Scheidung geführt hatte, war für alle Beteiligten eine große Entlastung.

Ich sagte diesem verunsicherten Paar, daß die Gnade Gottes ausreiche, um das Geschehene zu vergeben. Damit werde die neue Ehe zwar nicht »richtig« im umfassenden Sinne, aber Gott könne zudecken, was daran falsch sei. Genau darum gehe es bei der Gnade Gottes. Und davon bin ich überzeugt!

14. Ist psychologische Beratung Zeitverschwendung?

Es scheint, als wären die Menschen heute verwirrter denn je. Wir Amerikaner sind psychisch gesehen in schlechterer Verfassung als jedes andere Volk der Erde. Und tagtäglich scheint es schlimmer zu werden. Die Selbstmordrate steigt, Depressionen sind das verbreitetste Leiden, und das Zerbrechen von Ehen wird zum Normalfall. Immer mehr Menschen versuchen, ihrem schmerzlichen Leben durch Drogen und Alkohol zu entfliehen, und die psychiatrischen Einrichtungen haben lange Wartelisten.

Verwirrung im Fühlen und Denken gibt es nicht nur außerhalb der christlichen Gemeinden. Psychisch gestörte Menschen sind nicht einfach »weltliche« Leute, die nur eine gute Dosis Evangelium brauchen, um wieder zurechtzukommen. Auch Menschen, die zu Gott gehören, brauchen Hilfe. Einige bekannte Evangelisten und Fernsehprediger stellten Psychotherapie und psychiatrische Behandlung als unnötig für Christen hin. Wenig später mußten sie selbst fachkundige Hilfe in Anspruch nehmen, weil sie ernste persönliche Schwierigkeiten hatten.

Psychische Probleme unter gläubigen Menschen sind so verbreitet, daß die meisten Geistlichen in ihrer Rolle als Seelsorger immer mehr zum Amateur-Psychologen werden. Geistliche, die sich damit überfordert fühlen, verweisen Hilfesuchende häufig an Psychotherapeuten. Diese »wissenschaftlich ausgebildeten Experten« sollen die Wunder vollbringen, die sich Geistliche ohne psychotherapeutische Ausbildung nicht zutrauen. Dahinter steht die unausgesprochene Überzeugung, daß die akademischen Würdenträger auf dem einen oder anderen Spezialgebiet psychischer Heilung wissen, was sie tun, und sie könnten die meisten Probleme lösen. Leider lernen wir auf die harte Tour, daß die meisten Therapeuten bestenfalls wirkungslos sind, im schlimmsten Fall aber sogar Schaden anrichten. Oft verschlechtert sich eher der Zustand von Menschen, die von Experten therapiert wurden, als daß er sich verbessert.

Auf keinen Fall möchte ich jegliche professionelle Beratung und Therapie schlechtmachen oder verwerfen – ganz im Gegenteil. Menschen, die therapeutische Hilfe brauchen, sollten diese auch in Anspruch nehmen. Es gibt Hilfe für die, die ihre Depressionen nicht mehr aushalten können. Es gibt gute Berater und Therapeuten für Eheprobleme, die ihnen zu einem glücklicheren Leben helfen können. Auch vielen Menschen, die zur Selbstzerstörung neigen, kann auf diese Weise geholfen werden.

Vor einigen Jahren standen liebe Freunde kurz vor der Scheidung. Dies war für uns besonders bestürzend, weil wir den beiden wirklich nahestanden und sie immer als stabiles christliches Ehepaar gesehen hatten. Sie suchten professionelle Hilfe, die sehr wenig ausrichtete. Im Rückblick denke ich, daß ihr Berater wohl unfähig war. Sein Beratungsstil in Verbindung mit seinen Theorien über die menschliche Persönlichkeit ließen das Ehepaar jedenfalls die Beratung als völlig wirkungslos erleben.

Durch die Gnade Gottes fanden unsere Freunde jedoch einen zweiten Therapeuten, der einem ganz anderen Ansatz folgte und einen ganz anderen Therapiestil hatte. Seitdem macht dieses Ehepaar erhebliche Fortschritte in seiner Ehe. Beide stellten negative Züge an sich selbst fest, die jahrelang unter den Teppich gekehrt worden waren. Diese Dinge werden jetzt ans Licht gebracht und bearbeitet. Darin wird der Therapeut sicherlich von Gott gebraucht, um etwas Wunderbares an meinen Freunden zu tun. Das ist nur ein Einzelbeispiel dafür, wie gut professionelle Hilfe sein kann.

Es gibt also durchaus Hilfe, aber man muß bei der Auswahl der Helfer sorgfältig vorgehen. Die Fachleute, an die Sie sich wenden, sollten dem christlichen Glauben positiv gegenüberstehen. Sie müssen ein Menschenbild haben, das mit der Bibel vereinbar ist. Ihre Sicht von den Problemquellen für die menschliche Psyche darf nicht antichristlich sein. Und sie dürfen Psychologie nicht zur Ersatzreligion machen. Ein Großteil der psychologischen Hilfe, die von anerkannten Experten mit Universitätsabschlüssen betrieben wird, ist fauler Zauber. Ein Großteil davon ist außerdem antichristlich und kann Menschen wirklich zerstören.

Auch ist es wichtig, zwischen den unterschiedlichen Hilfsmöglichkeiten, die wir bei psychischen Problemen in Anspruch nehmen können, zu unterscheiden.

Zunächst ist da die *Psychiatrie.* Psychiater sind ausgebildete Ärzte und können deshalb auch medikamentös eingreifen, wenn es erforderlich ist. Oft werden psychische Erkrankungen durch körperliche Fehlfunktionen ausgelöst. Depressionen können beispielsweise auf Stoffwechselstörungen zurückgehen und mit einer angemessenen Medikation behoben werden. Es gibt auch Fälle von Aggressivität, die mit hormonellen Störungen zusammenhängen und medikamentös behandelt werden können. Immer mehr psychische Störungen werden künftig wohl mit Medikamenten behandelt. Wenn wir also psychische Probleme ohne erkennbare Ursachen haben, wie extreme Persönlichkeitsveränderungen oder schwere Depressionen, ist es ratsam, sich an einen Psychiater zu wenden. Dieser kann herausfinden, ob es sich nicht möglicherweise um ein physisches Problem handelt, das als solches auch behandelbar ist.

Zum zweiten gibt es die *Psychoanalyse,* die auf Sigmund Freud zurückgeht. Psychoanalytiker suchen im Unterbewußtsein nach Ursachen für die Probleme, unter denen Menschen leiden. Wir neigen alle dazu, vieles aus der Vergangenheit zu vergessen oder ins Unterbewußtsein zu verdrängen. Die unbewußten Erinnerungen können uns zutiefst beunruhigen. Die Psychoanalyse führt unsere psychischen Probleme auf verdrängte Ereignisse besonders in unserer Kindheit zurück. Deshalb versuchen Psychoanalytiker, durch unterschiedliche Techniken Verdrängtes in unser Bewußtsein zurückzurufen. Sie gehen davon aus, daß wir wieder psychisch ausgeglichen werden, wenn wir den Auslöser unseres psychischen Schmerzes erkennen. Daß diese verdrängten Ereignisse ihre zerstörerische Wirkung auf uns verlieren, wenn wir nachvollziehen können, welche Erlebnisse aus der Vergangenheit unser heutiges Gefühlsleben negativ beeinflussen.

Ich habe mich mit Freud befaßt und halte ihn für einen der grundlegendsten und erkenntnisreichsten Denker des 20. Jahrhunderts. Freuds Verständnis von der Persönlichkeit des Menschen wird noch Generationen beschäftigen, und kein Seminar in soziologischer oder psychologischer Theorie wird seine Entdeckungen und Thesen übergehen können. Aber trotz der großen Bedeutung Freuds habe ich meine Vorbehalte gegen die Psychoanalyse. Freuds Diagnose der Ursachen psychischer Krankheiten mag korrekt sein. Die Therapie hat sich allerdings als relativ unwirksam erwiesen. Als das Berliner *Institut für Psychoanalyse* die Heilungsquoten der behandelten Patienten veröffentlichte, waren die Ergebnisse für Freud alles andere als schmeichelhaft. Er war ziemlich erschüttert, wie wenig Menschen durch seine Methoden langfristig von ihren psychischen Problemen geheilt wurden. Kurz: Freud mag zwar verstanden haben, was uns zu seelischen Krüppeln macht, aber er hat keinen Weg gefunden, um Menschen wieder zu heilen. Zu wissen, unter welcher Krankheit jemand leidet, bedeutet noch lange nicht, daß er auch wieder gesund wird.

Meiner Ansicht nach bedarf eine Reise in unser Unterbewußtsein großer Behutsamkeit und darf nicht ohne das klare Wissen um die Vergebung und Gnade Gottes unternommen werden. Wer sich seinem wirklichen Selbst stellen möchte, sollte sich zunächst vom Heiligen Geist die Liebe und Vergebung Gottes zeigen lassen, um sich selbst vergeben zu können. Manchmal bleibt das, was im Unterbewußtsein vorgefunden wird, fürs erste besser dort, wo es ist.

Der Psychoanalytiker soll dann seinen Klienten auf dem Weg zur Selbsterkenntnis begleiten und ihm die Sicherheit und Bestätigung vermitteln, daß ihn nichts von der Liebe Gottes trennen kann und daß alles, was aufgedeckt wird, fortgewaschen werden kann. Deshalb müssen alle, die sich in die finsteren Regionen ihres Geistes begeben, wissen, daß es in der Bibel heißt: »Wenn wir aber unsere Sünden bekennen, so ist er treu und gerecht, daß er uns die Sünden vergibt und reinigt uns von aller Ungerechtigkeit« (1. Johannes 1,9). Patienten, die sich einer Psychoanalyse unterziehen, finden möglicherweise Dinge über sich selbst heraus, mit denen sie nicht leben können. Und vielleicht decken sie Traumata auf oder Mißbrauch, was ihr Gefühl und ihre Beziehung zu anderen Menschen drastisch beeinflussen wird. Wer sich den verdrängten Abgründen seiner persönlichen Geschichte stellen will, muß das in dem Glauben tun: »Darum: Ist jemand in Christus, so ist er eine neue Kreatur; das Alte ist vergangen, siehe, Neues ist geworden« (2. Korinther 5,17).

Der dritte Bereich für eine Behandlung ist die *Psychotherapie.* Sie ist die bekannteste Form der psychologischen Hilfe geworden und in vielerlei Hinsicht auch die fragwürdigste. Psychotherapie ist eigentlich ein ungeschützter Begriff, der eine Vielfalt von Behandlungsmethoden für seelische Probleme und Störungen umfaßt. In erster Linie handelt es sich um das Gespräch zwischen einem Therapeuten und einem Klienten. Das Gespräch soll den Klienten befähigen, seine

Probleme selbst zu lösen. Die Wege dahin sind – je nach Therapieansatz – sehr unterschiedlich. Eine solche Gesprächstherapie haben die meisten Leute im Sinn, wenn sie an Psychotherapie denken.

Menschen, die ihre Zukunft nicht bewältigen können ohne jemanden, der ihr seelisches Leiden versteht, können sich an Fachleute wenden. Es gibt Männer und Frauen mit fachlicher Kompetenz, die ihnen tatsächlich wirkungsvoll helfen können.

Wenn Sie sich einen Therapeuten suchen, sollten Sie darauf achten, daß er den christlichen Glauben respektiert und nach Grundsätzen arbeitet, die mit der Bibel vereinbar sind. Der Therapeut muß zum Beispiel von der menschlichen Verantwortung und dem freien Willen ausgehen. Manche Ansätze in der modernen Psychologie tun das nicht.

Die Bibel sagt, daß der Mensch für sein Tun verantwortlich ist. Christen leugnen nicht, daß Kindheitserfahrungen ihre Sicht vom Leben und auch ihre Entscheidungen beeinflussen. Aber Christen glauben, daß trotzdem jeder Mensch die Freiheit hat zu entscheiden, was er tut und was nicht. Sich für das zu entscheiden, was Gott will, ist Gerechtigkeit; sich für das Gegenteil zu entscheiden, ist Sünde. Aus der Sicht des christlichen Glaubens ist vieles von dem, was Neurose genannt wird, letztendlich Schuld und Angst – und Folge davon, daß Menschen die Gebote Gottes nicht beachtet haben.

Ich selbst habe tiefe Depressionen in meinem Leben erlebt, weil ich Böses getan hatte. Freunde waren davon überzeugt, daß ich eine besondere Psychotherapie bräuchte. Aber was ich wirklich tun mußte, war Buße. Ich mußte zu den Menschen gehen, denen ich Unrecht getan hatte, meine Sünden bekennen und um Vergebung bitten. Ich mußte mein Leben vor Gott offenlegen und ihn um Vergebung und Reinigung bitten. Was ich wirklich brauchte, war geistliche Erneuerung. Als ich das getan hatte, war ich von den psychischen Belastungen frei, die mich gequält und mir mein Glück geraubt hatten.

O. Hobart Mowrer, Psychologe an der Universität von Illinois, behauptet, eine ehrliche Beichte sei der einzige Weg zu psychischem Wohlbefinden. Er bezeichnet sich nicht als Christ, aber er hält sich an christliche Therapiegrundsätze. Außerdem glaubt er, daß Menschen die volle Verantwortung für ihr Tun übernehmen müssen. Sie könnten nur durch ein Bekenntnis ihrer Verfehlungen und durch Schritte zur Wiedergutmachung den psychischen Qualen entkommen. Sonst werden sie immer wieder von den Konsequenzen ihrer Schuld geplagt werden. Bevor man sich einer Therapie unterzieht, sollte man sich deshalb vergewissern, daß der Therapeut mit persönlicher Schuld rechnet und die Notwendigkeit von Buße, Umkehr begreift.

Ich kenne Joan seit der Schulzeit. Sie heiratete später und bekam zwei Kinder. Als sie 36 war, brannte sie mit einem Nachbarn durch. Die daraus folgende Ehe ging kaputt, aber Joan kam nicht zu ihrem ersten Mann und zu den Kindern zurück, obwohl diese sie darum baten. Joans Kinder hatten als Heranwachsende viele Probleme. Dann kam eines von ihnen bei einem Autounfall um. Als Joan 45 war, erlitt sie eine Art Nervenzusammenbruch. Nach zwei Wochen stationärer Behandlung wurde sie entlassen und begann eine Psychotherapie, die fünf Jahre dauerte.

Ihr Therapeut war ein Mann, dem Vorstellungen von Sünde und Schuld völlig fremd waren. Er überzeugte Joan davon, daß ihre Depressionen von Dingen herrührten, die ihr in den ersten Lebensjahren angetan worden waren. Er überzeugte sie sogar davon, daß das Scheitern ihrer Ehe nicht ihre Schuld und daß Joan das unschuldige Opfer einer frühkindlichen Prägung sei. Weil sie nicht glaubte, daß sie gesündigt hatte, tat sie auch keine Buße. Weil sie davon überzeugt war, daß ihr Verhalten die Folge von Faktoren war, die sich ihrer Kontrolle entzogen, übernahm sie weder die Verantwortung für sich selbst noch für das, was ihr passiert war.

Joan ist immer noch in Therapie, und wahrscheinlich wird das auch noch jahrelang so bleiben. Ihr Therapeut verdient sich dabei eine goldene Nase. Joan zeigt keine Anzeichen von Reue und blickt überheblich auf uns »religiöse« Typen herab, die ihr weismachen wollen, sie hätte ein geistliches und moralisches Problem, das angepackt und bearbeitet werden müsse. Und Joan ist immer noch eine sehr kranke Frau.

Jede Therapie, die uns nicht dazu auffordert, die Sünde in unserem Leben wahrzunehmen und daraus Konsequenzen zu ziehen, bleibt mit großer Wahrscheinlichkeit wirkungslos. Jede Therapie, die Sünder nicht zur Buße auffordert, wird wahrscheinlich scheitern. Jede Therapie, die nicht fordert, daß der einzelne für sein Handeln die Verantwortung übernimmt, wird nicht viel bewegen. Am Ende führt eine gute Therapie immer zu einer Entscheidung oder einer inneren Verpflichtung. Eine Behandlung bei einem christlichen Therapeuten hilft Christen, einen neuen Kurs im Leben einzuschlagen und Gottes Hilfe zu suchen, um diese Verpflichtung auch einhalten zu können.

Eine gute Therapie stützt die Überzeugung: Wer und was wir in der Gegenwart sind, ist bedeutsamer als alles, was uns in der Vergangenheit widerfahren ist. *In der Therapie auf der Grundlage christlicher Werte ist es weniger wichtig, wo wir waren, als wohin wir gehen.*

Als Dozent an einem College habe ich miterlebt, wie Studenten sich um 180 Grad verwandelten, weil sie sich in einer Therapie klare Ziele für ihr Leben gesteckt hatten. Sie brauchten diese Herausforderung. Manche Studenten verwandelten sich sogar von kläglichen Versagern in glückliche Erfolgstypen, weil sie sich mit Hilfe guter Beratung Lebensziele steckten, die sie zu größeren Anstrengungen in der Ausbildung motivierten. Schon totgesagte Ehen wurden wieder lebendig, weil sich die Ehepartner eine gemeinsame Zukunft wieder vorstellen konnten. Gute Beratung macht uns bewußt, daß wir nicht Gefangene der Vergangenheit sind, sondern nach vorn blicken können auf das, was möglich ist. Unsere Hoffnungen und Träume können uns verändern.

Glaube an die Zukunft wird in einer guten Therapie respektiert. Über das Wesen dieses Glaubens steht im Neuen Testament: »Es ist aber der Glaube eine feste Zuversicht auf das, was man hofft, und ein Nichtzweifeln an dem, was man nicht sieht« (Hebräer 11,1). Das gesamte elfte Kapitel des Hebräerbriefes berichtet über große Männer und Frauen, deren Glaube an etwas, das sie nicht sahen, genügend Vorstellungskraft in ihnen freisetzte, um Großes mit ihrem Leben zu versuchen. Genau das geschieht auch in einer guten Therapie. Sie bringt Christen dazu, an das zu glauben, was sie durch die Gnade Gottes sein können, und bricht dadurch mit dem, was war.

Und schließlich ist eine gute Therapie dem Wort Gottes verpflichtet. Ich kenne Eheberater, die die Ehen ihrer Klienten nicht unbedingt erhalten wollten. Diesen Beratern lag in erster Linie am persönlichen Glück ihrer einzelnen Klienten, und sie unterstützten die Aufrechterhaltung der Ehe nur dann, wenn diese Ehen diesem individuellen Glück förderlich schienen. Vor solchen Beratern und Therapeuten sollte man sich in acht nehmen. Die Bibel stellt die Ehe ganz klar als etwas Heiliges dar, und sie fordert, daß die Ehepartner einander treu bleiben, selbst wenn diese Verpflichtung scheinbar ihre Hoffnung auf persönliches Glück schmälert. Es kann keine dauerhafte Freude geben, wenn man die Aussagen der Bibel über eheliche Verpflichtungen mißachtet. Wer sein eigenes Glück verfolgt, indem er seine Ehe »für etwas Besseres« verläßt, rennt in der Regel Traumbildern nach, die nur ins Unglück führen. Jede Art der Beratung und Therapie, die zu einem solchen Verhalten aufruft und es bejaht, schadet mehr, als sie nützt.

Therapie, die nicht - ausgesprochen oder unausgesprochen - auf den Grundlagen der Bibel geschieht, kann Menschen auch noch anders schaden. Ein junger Mann beispielsweise hörte von seinem Therapeuten, daß die Ursachen für seine Depressionen in seiner puritanischen Erziehung lägen. Sein Therapeut empfahl ihm: Statt sich schuldig zu fühlen, weil er eine Frau bereits beim ersten Treffen verführt hatte, solle er sich lieber von den »viktorianischen Normen« frei machen, die sein Leben beherrschten. Genau das tat dieser junge Mann dann auch. Er wechselte seine Partnerinnen häufig und versuchte, jede Frau ins Bett zu bekommen. Die Geschichte ist noch nicht zu Ende, aber dieser Mann wird sich sowohl psychisch als auch geistlich selbst bestrafen.

Hier sechs Faustregeln, wie man den richtigen Therapeuten findet:

1. Entscheiden Sie, welche Art von Hilfe Sie brauchen. Vielleicht kann Ihnen Ihr Hausarzt helfen zu entscheiden, ob Ihre Probleme körperliche Ursachen haben. Wenn das der Fall ist, sollten Sie einen Psychiater aufsuchen, der Ihnen sowohl entsprechende Medikamente als auch Beratung anbieten kann.

2. Wenn Sie eine Psychoanalyse machen möchten, um *verdrängte Erinnerungen* aufzuarbeiten, sollten Sie sich versichern, daß *der Therapeut die Gnade und Vergebung Gottes als Teil der Therapie sieht und versteht.* Denken Sie daran, daß es Stellen in unserer Psyche gibt, an die wir besser nicht herangehen, es sei denn, wir nehmen Jesus und seine Vergebung mit dorthin.

3. Auch bei einer Psychotherapie sollten Sie sicherstellen, *daß der Berater vom christlichen Glauben her arbeitet, zumindest aber nach einem Konzept, das Ihren Glauben akzeptiert und dazu paßt.* Glaubt Ihr Psychotherapeut, daß Sünde Buße und Reinigung erfordert? Glaubt er oder sie, daß das, was Sie mit Christi Hilfe zu sein hoffen, wichtiger ist als alles Vergangene?

4. Wenn Sie eine Eheberatung anstreben, vergewissern Sie sich, *daß Ihr Berater in erster Linie wie die Bibel die Ehe erhalten möchte.* Vergewissern Sie sich, daß er bzw. sie davon überzeugt ist, daß der Erhalt einer Ehe größeren Wert hat als die Erfüllung des einzelnen in der Ehe.

5. Führen Sie auf jeden Fall ein *Vorgespräch* mit dem Therapeuten, bei dem Sie eine Behandlung erwägen.

Bevor Sie in die Therapie einwilligen, überprüfen Sie, ob Sie beide auf einer Wellenlänge liegen, was Glauben betrifft. Fragen Sie den Therapeuten oder Seelsorger (Berater), wie er sich einen gesunden Christen vorstellt, der mit dem Leben gut zurechtkommt. Finden Sie heraus, welche Rolle seiner Meinung nach Jesus Christus dabei spielt, das seelische Wohlbefinden zu fördern und aufrechtzuerhalten. Fragen Sie ihn nach seiner Lebensphilosophie und nach der Rolle, die Jesus darin spielt. An den Antworten können Sie wahrscheinlich erkennen, ob Ihnen eine Therapie bei ihm helfen könnte, sich als Christ weiterzuentwickeln.

6. Verlassen Sie sich auf Ihren Instinkt. Was Sie für den Therapeuten oder Berater empfinden, ist vielleicht vom Heiligen Geist geleitet. Seien Sie lieber vorsichtig, als daß es Ihnen später leid tun muß. Bedenken Sie auch: Wenn ein Therapeut Christ ist, bedeutet dies noch lange nicht, daß er gut für Sie ist. Und anders herum, wenn er vielleicht kein Christ ist, kann er trotzdem eine Hilfe für Sie sein. Suchen Sie jemanden, der Ihnen dabei hilft, sich in die Richtung zu verändern, in die *Sie* gehen möchten. Gehen Sie nicht zu jemandem, der versucht, Sie in Übereinstimmung mit dem zu bringen, was *er* für richtig hält. Sie vertrauen diesem Menschen Ihr Leben an, und deshalb ist Vorsicht geboten.

15. Was tun, wenn Kinder in ihr Unglück rennen?

Ob Sie himmelhoch jauchzend sind oder zu Tode betrübt, hängt entscheidend davon ab, wie es Ihren Kindern geht. Wenn sie erfolgreich und glücklich sind, geht es Ihnen gut. Wenn sie gerade die Hölle erleben, dann gilt für Sie das gleiche.

Besonders hart sind die Zeiten, wenn Ihre Kinder bereits erwachsen sind und Sie ihnen bei ihren Problemen nicht mehr helfen können. Das Verhalten von erwachsenen Kindern können Sie kaum noch beeinflussen. Mit ihnen zu reden, hilft nur selten. Immer wieder müssen Eltern hilflos mitansehen, wie sich ihre Kinder selber zerstören. Wie schmerzlich ist es für Eltern, auf dem Hintergrund ihrer Erfahrungen mit gebundenen Händen danebenzustehen, wenn ihr Kind Entscheidungen trifft, die sein Leben ruinieren können. Es gibt kein Gefühl der Hilflosigkeit, das unerträglicher wäre. Es gibt keine Situation, in der Eltern mehr versucht sind, sich in das Leben ihrer Kinder einzumischen und etwas zu unternehmen, was manchmal eher schadet als nützt.

Aber Eltern können unter solchen Umständen dennoch manches tun. Sie müssen es allerdings mit Furcht und Zittern tun, weil die Folgen die Eltern-Kind-Beziehung noch jahrelang belasten können. Seien Sie vorsichtig, wenn Sie sich in das Leben Ihrer erwachsenen Kinder einmischen, denn Ihr Rat könnte schließlich falsch sein.

Christen wissen, daß man in einer solchen Situation als erstes betet. Allerdings ist es bei Eltern normal, daß sie zuerst alles andere versuchen und sich als letztes daran erinnern, daß man ja auch beten könnte. Wenn Sie für Ihre Kinder beten, dann dürfen Sie nicht nur dafür beten, daß Gott sie in allem, was sie tun, leiten möge; sondern Sie müssen genauso intensiv auch für sich selbst beten – daß Gott Ihnen ganz deutlich macht, was Sie sagen und tun sollen.

Gebet ist jedoch mehr als der Versuch, etwas von Gott zu bekommen. Im Gebet findet man auch heraus, daß Gott durch Sie vielleicht etwas tun will für die Menschen, die Ihnen so sehr am Herzen liegen. Im Gebet denken wir normalerweise daran, durch Gott einen Menschen zu erreichen. Im allgemeinen beten wir, daß Gott den Betreffenden von Wahrheiten überzeugen möge, die er von uns nicht hören will. So beten wir oft, wenn wir an unsere erwachsenen Kinder nicht herankommen. Aber es gibt auch eine andere Möglichkeit. Betende bekommen eine besondere Vollmacht, Dinge zu sagen oder zu tun, wo bisher nichts gewirkt hat. Menschen, deren bisherige Bemühungen wenig oder gar nicht gefruchtet haben, erhalten durch Gebet die nötige Kraft, um etwas zu verändern. Die Bibel sagt uns dazu:

»Und sie kamen zu den Jüngern und sahen eine große Menge um sie herum und Schriftgelehrte, die mit ihnen stritten. Und sobald die Menge ihn (Jesus) sah, entsetzten sich alle, liefen herbei und grüßten ihn. Und er fragte sie: Was streitet ihr mit ihnen? Einer aber aus der Menge antwortete: Meister, ich habe meinen Sohn hergebracht zu dir, der hat einen sprachlosen Geist. Und wo er ihn erwischt, reißt er ihn; und er hat Schaum vor dem Mund und knirscht mit den Zähnen und wird starr. Und ich habe mit deinen Jüngern geredet, daß sie ihn austreiben sollen, und die konnten's nicht. Er antwortete ihnen und sprach: O du ungläubiges Geschlecht, wie lange soll ich bei euch sein? Wie lange soll ich euch ertragen? Bringt ihn her zu mir! Und sie brachten ihn zu ihm. Und sogleich, als ihn der Geist sah, riß er ihn. Und er fiel auf die Erde, wälzte sich und hatte Schaum vor dem Mund. Und Jesus fragte seinen Vater: Wie lange ist's, daß ihm das widerfährt? Er sprach:

Von Kind auf. Und oft hat er ihn ins Feuer oder ins Wasser geworfen, daß er ihn umbrächte. Wenn du aber etwas kannst, so erbarme dich unser und hilf uns! Jesus aber sprach zu ihm: Du sagst: Wenn du kannst – alle Dinge sind möglich dem, der da glaubt. Sogleich schrie der Vater des Kindes: Ich glaube; hilf meinem Unglauben! Als nun Jesus sah, daß das Volk herbeilief, bedrohte er den unreinen Geist und sprach zu ihm: Du sprachloser und tauber Geist, ich gebiete dir: Fahre von ihm aus und fahre nicht mehr in ihn hinein!

Da schrie er und riß ihn sehr und fuhr aus. Und der Knabe lag da wie tot, so daß die Menge sagte: Er ist tot. Jesus aber ergriff ihn bei der Hand und richtete ihn auf, und er stand auf. Und als er heimkam, fragten ihn seine Jünger für sich allein: Warum konnten wir ihn nicht austreiben? Und er sprach: *Diese Art kann durch nichts ausfahren als durch Beten und Fasten.«* (Markus 9,14-29)

Manchmal meinen wir, unsere Kinder würden ihren Lebensstil ändern, wenn wir nur die richtigen Worte fänden. In Wirklichkeit hängt unsere Effektivität davon ab, in wieweit wir Vollmacht durch den Heiligen Geist haben. Der Apostel Paulus hat das in seinem Dienst gelernt. Er hat erkannt, daß nicht geschicktes, cleveres Vorgehen, sondern die Bevollmächtigung durch den Heiligen Geist seine Arbeit wirkungsvoll machte. Paulus schreibt an die Gemeinde von Korinth:

»Auch ich, liebe Brüder, als ich zu euch kam, kam nicht mit hohen Worten und hoher Weisheit, euch das Geheimnis Gottes zu verkündigen. Denn ich hielt es für richtig, unter euch nichts zu wissen als allein Jesus Christus, den Gekreuzigten. Und ich war bei euch in Schwachheit und in Furcht und mit großem Zittern; und mein Wort und meine Predigt geschahen nicht mit überredenden Worten menschlicher Weisheit, sondern in Erweisung des Geistes und der Kraft, damit euer Glaube nicht stehe auf Menschenweisheit, sondern auf Gottes Kraft.« (1. Korinther 2,1-5)

Jesus, der am Kreuz starb und die Strafe für unsere Sünden auf sich nahm, ist auch aus dem Grab auferstanden und persönlich für jeden Menschen auf dieser Welt da. Seine Gegenwart nennt man Heiligen Geist. Im Gebet stärkt und bevollmächtigt seine Gegenwart unseren Geist.

Im Gebet bitte ich Gott nicht nur, Dinge für mich zu tun. Ich bete auch darum, daß ich seine Gegenwart spüren kann. Ich meditiere über Jesus. Ich sage seinen Namen immer wieder und überlasse mich ganz ihm, lasse zu, daß ich in ihm aufgehe. In diesem Zustand der Hingabe kann sich meine Seele erfrischen. Ich gewinne Zuversicht, daß alles sich zum Guten wendet (Römer 8,28). Oft erlebt man das Gefühl, bevollmächtigt zu werden. Nach so einem Gebet erreiche ich manchmal Menschen, die sich zuvor von mir und meinen Bitten abgewandt haben. In einem alten Choral (»Spirit of God, Descend Upon my Heart«, Geist Gottes, komm in mein Herz) heißt es über das Gebet:

»Ich möchte keinen Traum, auch keine prophetische Ekstase.
Meine irdische Hülle soll auch nicht plötzlich gen Himmel schweben.
Ich möchte keine Engelserscheinung, noch daß sich die Himmel öffnen,
aber nimm diese Dumpfheit von meiner Seele fort.«

Wenn mich die belebende Gegenwart Gottes verwandelt und die Kraft des Heiligen Geistes mein Sein bestimmt, kann ich mich mit denen, die ich liebe, verständigen, wie es vorher nicht möglich war.

Es hat mir sehr geholfen, mich einmal in der Woche regelmäßig mit vier Freunden zu treffen. Wir haben Spaß miteinander, lesen in der Bibel und beten zusammen. Während dieser Treffen erlebe ich die Gegenwart Gottes manchmal auf ganz besondere Weise. Es gibt Augenblicke, in denen ich mich in dieser Gruppe Gott besonders nahe und von seinem

Geist bevollmächtigt fühle. Wenn ich mich von Gott entfremdet fühle, können meine Freunde seine Gegenwart für mich wieder real werden lassen. Wenn ich mit der Quelle geistlicher Kraft nicht in Verbindung treten kann, werden sie zu Mittlern, durch die diese Kraft wieder in mein Leben hineinzufließen beginnt. Wenn Sie für die, die Sie lieben, nicht das tun können, was Sie möchten, treffen Sie sich regelmäßig mit einer kleinen Gruppe von Mitchristen und entdecken Sie in Gemeinschaft die Kraft, die anscheinend fehlt.

»Wahrlich, ich sage euch: Wenn zwei unter euch eins werden auf Erden, worum sie bitten wollen, so soll es ihnen widerfahren von meinem Vater im Himmel. Denn wo zwei oder drei versammelt sind in meinem Namen, da bin ich mitten unter ihnen.« (Matthäus 18,19-20)

Wenn Sie vom Heiligen Geist bevollmächtigt sind, geschieht für Sie etwas ganz Besonderes. Vielleicht brauchen Sie gar nichts zu sagen, weil von Ihnen etwas ausgeht, was Ihre Kinder auf eine Weise anrührt, wie es Ihre abgenutzten Argumente niemals könnten. Wahrscheinlich haben Ihre Kinder sowieso schon alles gehört oder gedacht, was Sie sagen könnten. Aber oft sind sie nicht auf die sanfte, nichtsdestotrotz aber überwältigende Gegenwart Gottes gefaßt, die Sie vermitteln, wenn Sie durch das Gebet ausgerüstet sind. Zyniker mögen das als Telepathie bezeichnen. Aber nennen Sie es, wie Sie wollen. Es gibt eine Art der Verständigung, die keine Worte erfordert und die durch Worte niemals zustande kommt. Wenn Worte alles nur noch schlimmer machen, ist Verständigung durch die Kraft des Heiligen Geistes alles, was wir unseren erwachsenen Söhnen und Töchtern bieten können.

Gebet ist das beste Mittel, um erwachsene Kinder zu erreichen. Aber oft haben wir das Gefühl, wir müßten ihnen außerdem auch noch sagen, was wir denken. Manchmal ist es für den eigenen Seelenfrieden einfach nötig, den Kindern zu sagen, was wir befürchten. Vielleicht brauchen Sie das Gefühl, wirklich alles getan zu haben, um Probleme zu verhindern. Vielleicht möchten Sie einfach sichergehen, daß Ihre Kinder Sie nicht eines Tages fragen: »Warum hast du mir damals nicht gesagt, was du gedacht hast? Vielleicht hätte ich ja doch auf dich gehört.«

Wenn Sie sich entschließen, mit Ihren Kindern zu reden, dann sollten Sie dabei einiges beachten.

1. Machen Sie sich klar, daß Sie mit dem Gesagten jahrelang leben müssen. Ich kenne eine Frau, die ganz sicher war, daß die Frau, die ihr Sohn heiraten wollte, sein Leben ruinieren würde. Und gegen die zukünftige Frau des Sohnes gab es wirklich einiges einzuwenden. Die junge Frau hatte ein recht lockeres Leben geführt. Sie war bereits einmal verheiratet gewesen und hatte ein uneheliches Kind. Die Mutter wußte, daß ihr Sohn (der allerdings auch nicht das Unschuldslamm war, für das sie ihn hielt) seine Zukünftige in einer Bar kennengelernt hatte. Die zukünftige Schwiegertochter war jedenfalls der Alptraum dieser Mutter.

Die Mutter sagte dem Sohn, was sie von der Frau hielt. Leider war sie dabei weder diplomatisch noch freundlich. Sie machte ihre zukünftige Schwiegertochter so herunter, daß es unmöglich war, sich jemals mit ihr anzufreunden – es sei denn, ein Wunder würde geschehen. Der Sohn heiratete die Frau trotzdem, und nach und nach wurde sie häuslicher und ruhiger. Sie wurde zwar keine Christin, führt aber ein einigermaßen anständiges Leben. Leider belasten die Worte der Mutter das Verhältnis bis heute, so daß sie weder in das Haus ihres Sohnes eingeladen wurde, noch ihre drei Enkelkinder kennenlernen durfte.

Im Jakobusbrief wird die zerstörerische Macht, die Worte haben können, sehr plastisch beschrieben: »Wenn wir den Pferden den Zaum ins Maul legen, damit sie uns gehorchen, so lenken wir ihren ganzen Leib. Siehe, auch die Schiffe, obwohl sie so groß sind und von starken Winden getrieben werden, werden sie doch gelenkt mit einem kleinen Ruder, wohin der will, der es führt. So ist auch die Zunge ein kleines Glied und richtet große Dinge an. Siehe, ein kleines Feuer, welch einen Wald zündet's an. Auch die Zunge ist ein Feuer, eine Welt voll Ungerechtigkeit. So ist die Zunge unter unsern Gliedern: Sie befleckt den ganzen Leib und zündet die ganze Welt an und ist selbst von der Hölle entzündet. Denn jede Art von Tieren und Vögeln und Schlangen und Seetieren wird gezähmt vom Menschen, aber die Zunge kann kein Mensch zähmen, das unruhige Übel, voll tödlichen Giftes.« (Jakobus 3,3-8)

Stellen Sie diesen Bibelabschnitt nicht in Frage! Wenn Sie Ihren Kindern etwas zu ihren Entscheidungen sagen wollen, dann beten Sie zuerst dafür, nichts Zerstörerisches zu sagen. Sie brauchen Zurückhaltung, die nur Gott Ihnen schenken kann. Aus eigener Kraft haben Sie nicht die Disziplin, nichts Falsches zu sagen. Wenn man nichts sagen möchte, das einen für den Rest seines Lebens verfolgt, muß man sich an Gott anlehnen und sich von ihm ausrüsten lassen. Einmal ausgesprochene Worte können nicht wieder zurückgenommen werden, egal, wie sehr man sie später bereut. Am besten ist es, weniger zu sagen, als man eigentlich möchte. Sollte es nötig sein, kann man am nächsten Tag noch etwas hinzufügen.

2. Sprechen Sie keine Drohungen aus, wenn Sie mit Ihren erwachsenen Kindern sprechen. Vermeiden Sie Sätze wie: »Wenn du das tust, brauchst du dich in diesem Haus nicht mehr blicken zu lassen« oder: »Ich werde nie wieder mit dir sprechen.« Sicherlich kennen Sie Menschen, die endgültig den Kontakt zu ihrer Familie abgebrochen haben, weil solche Drohungen ausgesprochen wurden. Was Sie auch immer sagen wollen, tun Sie es so, daß die Tür für die Kinder offen-

bleibt. Sie müssen spüren, daß Sie sie immer lieben werden, egal, was sie tun. Sie müssen ihnen, ohne es zu sagen, klarmachen, daß Ihnen zwar weh tut, wie sie handeln, daß Sie sie aber immer lieben werden. Ganz gleich, wen sie heiraten, diese Person wird Ihnen so willkommen sein wie Ihr eigenes Fleisch und Blut. Brechen Sie nie Brücken hinter sich ab. Erpressen Sie nie Ihre Kinder mit der Drohung, sie endgültig zu verstoßen, um durchzusetzen, was Sie wollen. Kurz: *Sagen Sie niemals nie.*

Vielleicht sollten Sie als erstes die Geschichte vom verlorenen Sohn lesen, bevor Sie überhaupt irgend etwas unternehmen.

»Und er sprach: Ein Mensch hatte zwei Söhne. Und der jüngere von ihnen sprach zu dem Vater: Gib mir, Vater, das Erbteil, das mir zusteht. Und er teilte Hab und Gut unter sie.

Und nicht lange danach sammelte der jüngere Sohn alles zusammen und zog in ein fremdes Land; und dort brachte er sein Erbteil durch mit Prassen. Als er nun all das Seine verbraucht hatte, kam eine große Hungersnot über jenes Land, und er fing an zu darben und ging hin und hängte sich an einen Bürger jenes Landes, der schickte ihn auf seinen Acker, die Säue zu hüten. Und er begehrte, seinen Bauch zu füllen mit den Schoten, die die Säue fraßen; und niemand gab sie ihm. Da ging er in sich und sprach: Wie viele Tagelöhner hat mein Vater, die Brot in Fülle haben, und ich verderbe hier im Hunger!

Ich will mich aufmachen und zu meinem Vater gehen und zu ihm sagen: Vater, ich habe gesündigt gegen den Himmel und vor dir. Ich bin hinfort nicht mehr wert, daß ich dein Sohn heiße; mache mich zu einem deiner Tagelöhner! Und er machte sich auf und kam zu seinem Vater. Als er aber noch weit entfernt war, sah ihn sein Vater, und es jammerte ihn; er lief und fiel ihm um den Hals und küßte ihn.

Der Sohn aber sprach zu ihm: Vater, ich habe gesündigt

gegen den Himmel und vor dir; ich bin hinfort nicht mehr wert, daß ich dein Sohn heiße. Aber der Vater sprach zu seinen Knechten: Bringt schnell das beste Gewand her und zieht es ihm an und gebt ihm einen Ring an seine Hand und Schuhe an seine Füße und bringt das gemästete Kalb und schlachtet's, laßt uns essen und fröhlich sein! Denn dieser mein Sohn war tot und ist wieder lebendig geworden; er war verloren und ist gefunden worden. Und sie fingen an, fröhlich zu sein.« (Lukas 15,11-24)

In dieser Geschichte ist dem Vater durchaus klar, daß sein Sohn eine falsche Entscheidung trifft. Aber es gibt keine Drohungen. Und nachdem der Sohn gegangen ist, bleibt die Tür für seine Rückkehr immer offen – und das weiß er auch. Der Vater muß lange auf die Rückkehr des Sohnes warten, aber genau wie unser himmlischer Vater hat auch der Vater in der Geschichte grenzenlose Liebe und Geduld. Und als der Sohn dann wirklich zurückkommt, läuft sein Vater ihm entgegen. Der Junge muß sich nicht selbst demütigen oder auf allen Vieren angekrochen kommen, um von seinem Vater akzeptiert zu werden. Da war kein »Siehst du, ich hab's dir doch gleich gesagt« von seiten des Vaters. Genausowenig, wie es Vorwürfe und Gegenbeschuldigungen gibt. Es gibt nur ein herzliches Willkommen von einem liebenden Vater, der lange auf seinen Sohn gewartet hat.

Dieser Vater ist Vorbild für alle Eltern, deren Söhne und Töchter möglicherweise fatale Entscheidungen treffen. Wenn Kinder unbedingt ihr Leben ruinieren wollen, können Eltern nur warten, bis sie helfen dürfen, die Einzelteile des Lebens wieder zusammenzusetzen. Ein amerikanischer Autor hat gesagt: »Zu Hause ist der Ort, an dem sie dich aufnehmen müssen, wenn du dahin zurückgehen mußt.« Kinder christlicher Eltern sollten immer nach Hause kommen können.

Monika, die Mutter von Augustinus, betete lange um die

Bekehrung ihres weltlich gesinnten Sohnes. Augustinus' Leben war eine einzige moralische Katastrophe, und seine Mutter weinte oft um den mißratenen Sohn. Eines Tages teilte Augustinus seiner Mutter mit, daß er von Hippo, seiner Heimatstadt in Nordafrika, nach Rom gehen wollte. Monika war davon überzeugt, daß Rom ihren Sohn endgültig zu Fall bringen würde. Sie war sicher, daß ihr geliebter Sohn in diesem Sündenpfuhl untergehen würde.

Monika bat ihn, mit ihr in die Kirche zu kommen und mit ihr zusammen noch einmal über die Entscheidung zu beten. Zunächst ging er mit, aber während sie niederkniete und Gott bat, die Meinung ihres Sohnes zu ändern, machte er sich davon. Er ging an Bord des Schiffes, das ihn nach Rom bringen sollte. Als seine Mutter sich vom Gebet erhob, war ihr Sohn weg.

Viele würden sich in einer solchen Situation völlig niedergeschmettert und außerdem auch noch von Gott verlassen fühlen. So mancher würde vielleicht an Gott zweifeln. Aber Monika blieb fest und betete immer wieder für ihren Sohn. In Rom verhielt Augustinus sich wie befürchtet. Er lebte in Sünde und benahm sich wie ein Wüstling. Aber eines Tages vernahm er völlig unerwartet eine Stimme, die wie aus dem Nichts kam: »Nimm und lies.« So las er die Bibel und wurde Christ. Unter der Anleitung des Bischofs Ambrosius wuchs Augustinus im Glauben und wurde schließlich zum Bischof der Stadt Hippo berufen.

Seine Mutter stand zusammen mit den anderen Gemeindegliedern am Anlegeplatz, um auf die Ankunft des neuen Hirten der Gemeinde zu warten. Können Sie sich ihre Freude vorstellen, als Augustinus von Bord ging? Monikas Gebete waren über ihre kühnsten Erwartungen hinaus erhört worden. Um es mit den Worten des Baseball-Philosophen Y. Berra zu sagen: »Es ist nicht vorbei, bevor es vorbei ist.« Elternsein besteht in erster Linie in Geduld und der Weigerung, die Kinder aufzugeben, was auch kommen mag.

3. Sagen Sie das, was Sie zu sagen haben, nur einmal. Dies aber in aller Deutlichkeit, damit Sie sich nicht wiederholen müssen. Setzen Sie einen bestimmten Termin für ein solches Gespräch fest. Wenn Sie auf einen günstigen Zeitpunkt warten möchten, wird wahrscheinlich nie etwas daraus.

Wenn ich meinen erwachsenen Kindern etwas besonders Wichtiges zu sagen habe, vereinbare ich mit ihnen einen Termin. Ich sorge dafür, daß wir genügend Zeit haben, damit das Gespräch nicht in Hetze abläuft. Normalerweise wähle ich als Treffpunkt ein Restaurant, weil ein solches Umfeld uns dazu zwingt, in gemäßigtem Tonfall miteinander zu sprechen. (Für Menschen mit italienischem Temperament ist das eine sehr gute Maßnahme.) Außerdem kann man in einer entspannten Atmosphäre besser mit problematischen Dingen umgehen. Ich versuche, direkt zu sein und alles offen darzulegen. Dabei achte ich sorgfältig auf die Reaktion meines Kindes. Die Bibel kommt zu dem betreffenden Thema zu Wort. Ich habe mich durch sorgfältiges Bibelstudium vor dem Treffen vorbereitet. Das Gespräch sollte sich nicht unnötig in die Länge ziehen. Ich beende es, indem ich um eine Entscheidung bitte. (Alle guten Begegnungen haben etwas, was man »Abschluß« nennt.) Am Ende möchte ich wissen, was mein Kind davon hält und was es tun will.

Wenn wir das getan haben, sind wir auch wirklich damit fertig. Ich spreche das Thema nicht wieder an, es sei denn, ich werde darum gebeten. Es ist ein Fehler, wenn Kinder bei jeder Begegnung mit den Eltern Angst haben müssen, immer und immer wieder dieselbe Leier zu hören. Sagen Sie, was zu sagen ist, mit Nachdruck und in Liebe. Wenn Ihr Kind noch einmal darüber sprechen möchte, sollte man dabei wie beim ersten Gespräch vorgehen.

Und schließlich: Seien Sie bereit, zu akzeptieren, was nicht zu ändern ist. Lernen Sie, das bekannte Gebet um Gelassenheit zu sprechen:

»Herr, schenke mir die Gelassenheit, die Dinge anzunehmen, die ich nicht ändern kann, den Mut, die Dinge zu ändern, die ich ändern kann, und die Weisheit, zwischen beiden zu unterscheiden.«

Wenn die Dinge sich nicht so entwickeln, wie Sie erhofften, haben Sie keine Schuldgefühle! Wenn Kinder das richtige tun, rechnen sich Eltern das zu oft als Verdienst an, und wenn Kinder etwas falsch machen, fühlen sich Eltern zu oft dafür schuldig. Kinder sind eigenständige Geschöpfe mit einem eigenen Willen. Denken Sie daran, daß Gott zwei vollkommene Kinder schuf (Adam und Eva), sie in eine vollkommene Umwelt setzte – und dennoch rebellierten beide am Ende gegen ihn. Leute, die davon hören, daß ein Kind auf die schiefe Bahn geraten ist, und dann säuseln: »Gewöhne einen Knaben an seinen Weg, so läßt er auch nicht davon, wenn er alt ist« (Sprüche 22,6), haben wahrscheinlich nie eigene Kinder gehabt.

Denken Sie daran, daß Jesus sogar einige Mitglieder seiner nächsten Familie nicht erreichen konnte. Aus der Bibel und der Kirchengeschichte wissen wir, daß er mehrere Brüder hatte, die ihn als Messias anerkannten, aber ein Bruder ihn ablehnte. Wenn Menschen in einem Zuhause aufwachsen, das von Gott geprägt ist, ist dies noch keine Garantie dafür, daß alles so wird, wie wir es uns wünschen. Wir haben allerdings die Gewißheit, daß Gottes Gnade uns durch all unsere Enttäuschungen hindurchträgt. Er ist auch in schweren Zeiten da.

16. Sind Evangelikale zu Israel-freundlich?

Jahrhundertelang wurden die Juden verfolgt, während sie versuchten, ihren Platz unter den Völkern zu finden. In Spanien wurden sie während der Inquisition verfolgt. Teile der römisch-katholischen Geistlichkeit bezichtigten sie jahrhundertelang, für den Kreuzestod Jesu verantwortlich zu sein. In Rußland wurden sie entwurzelt und nach Polen vertrieben, wo sie unter armseligen Bedingungen ihr Leben fristen mußten. In England wurden sie verfolgt und in anderen Ländern als Bürger zweiter Klasse behandelt. In der gesamten westlichen Welt wurde Haß gegen die Juden geschürt.

Wir wissen alle, was im Dritten Reich und während des Zweiten Weltkriegs mit den Juden in Deutschland und Europa passiert ist. Weniger bekannt ist dagegen die Rolle der Vereinigten Staaten beim Beginn des Holocaust.

Es wird kaum je die von Winston Churchill einberufene Konferenz erwähnt, deren Anliegen es war, eine neue Heimat für jüdische Flüchtlinge zu finden. Während dieser Konferenz stimmte Präsident Franklin D. Roosevelt zu, *nicht mehr als einige Tausend* heimatlose Juden in die Vereinigten Staaten hereinzulassen. Die übrigen könnten in der (völlig verarmten) Dominikanischen Republik Zuflucht finden. In unseren Geschichtsbüchern steht wenig darüber: Tausende von jüdischen Flüchtlingen, die per Schiff in unser Land kamen und um Asyl flehten, wurden von den Einreisebeamten in New York nach Deutschland zurückgeschickt, in den sicheren Tod.

Die berühmten Worte von Emma Lazarus, die in den Sockel der Freiheitsstatue eingemeißelt sind, waren für diese Flüchtlinge der blanke Hohn:

»Gebt mir eure Müden, eure Armen,
eure zusammengedrängten Massen,
die sich danach sehnen, frei zu atmen,
die unglückseligen Nichtgewollten eurer überfüllten Städte.
Schickt sie, die Heimatlosen, die
vom Unwetter Hin- und Hergeworfenen, zu mir.
Ich hebe meine Lampe am goldenen Tor.«

Unsere damaligen Einwanderungsgesetze beruhten auf dem rassistischen Loughlin-Report des amerikanischen Kongresses und auf dem Grundsatz der »Überlegenheit der weißen Rasse«. Sie verhinderten, daß Juden in das »Land der Freien und die Heimat der Tapferen« einreisen konnten.

Der Hintergrund für diese amerikanische Politik waren die Vorurteile des weißen, angelsächsischen, protestantischen Establishments von Amerika. Sie ließ vielen Juden keine andere Möglichkeit, als zu versuchen, auf Nazi-Gebiet zu überleben. Die meisten von ihnen kamen um.

Antisemitismus ist eine Krankheit der westlichen christlichen Nationen. Es ist *unsere* Krankheit. Es ist *unsere* Psychose. Der Antisemitismus war die Hauptmotivation der westlichen Nationen, die Gründung des Staates Israel zuzulassen oder zu unterstützen. Ungeachtet der Bemühungen der Zionisten gibt es den Staat Israel heute in erster Linie deshalb, weil die westlichen Nationen es als einfachste Lösung des »Judenproblems« betrachteten, unerwünschte Juden auf arabischem Boden »abzuladen«. Dabei kümmerte uns nicht, daß arabische Bewohner dadurch vertrieben und zu Flüchtlingen wurden – egal, wer im Einzelfall für die Vertreibung verantwortlich war. Wir gingen über die Ungerechtigkeiten hinweg, die das palästinensische Volk erdulden mußte, weil ihm sein Heimatland von Fremden einfach weggenommen wurde. Kein Gedanke daran, daß sie zwei Jahrtausende dieses Land beackert hatten. Bis in die jüngste Zeit gerieten Tausende von Arabern unter Druck, weil auf der West-Bank neue jüdische Siedlungen gegründet wurden. Es kam nur darauf an, daß »das Judenproblem« oberflächlich gelöst war.

Die Politiker, die den Staat Israel geschaffen haben, bekamen unerwartete Unterstützung aus evangelikalen Kreisen. Viele glaubten, daß der Wiederkunft Christi die Heimkehr des Volkes Israel in sein Land vorausgehen müsse. Damals wie heute denken manche Evangelikale, daß die Juden Jerusalem besitzen und den Tempel auf dem Berg Zion wieder aufbauen müssen, bevor Jesus wiederkommen kann. Als der Staat Israel geschaffen war und Juden nach Palästina zurückkehrten, jubelten die meisten Evangelikalen. Unsere Bibelauslegung der biblischen Prophetien machte uns zu begeisterten Anhängern einer Politik, die zur Vertreibung von Palästinensern führte, ohne Rücksicht auf die Ungerechtigkeiten, die sie dadurch erlitten.

Und das gilt auch heute noch. Die palästinensischen Flüchtlinge tun uns leid. Unser Mitleid geht so weit, daß wir Geld für die Missionsarbeit unter ihnen spenden. Wir zeigen allerdings kaum Mitgefühl, wenn es um soziale Gerechtigkeit für diese Menschen geht. Die Entwicklungshilfe und die administrative Unterstützung für Arafats Flickenteppich ist eher ein Tropfen auf den heißen Stein. Wie können wir erwarten, unsere arabischen Brüder und Schwestern für Christus zu gewinnen, wenn unsere Auslegung der Bibel zur Vereinnahmung des Landes aufruft, das jahrhundertelang von ihren Vorfahren bewohnt war?

Ob das jüdische Volk in Israel sein sollte oder nicht, ist für viele von uns heute nur eine rhetorische Frage. Sie sind da. Sie werden dort bleiben, und die anderen Völkern der Welt haben dem Staat Israel sein Existenzrecht zu garantieren. Jetzt sind die westlichen Staaten, besonders die USA, für das Überleben des Staates Israel verantwortlich. Als Christen sollten wir froh sein, daß unsere jüdischen Brüder und

Schwestern ein Heimatland haben, das ihnen nach Jahrhunderten der Verfolgung oder Unterdrückung Identität und Würde sichert.

Andererseits müssen wir unsere jüdischen Freunde drängen, für andere zu tun, was sie von anderen für sich erwarten. Sie müssen - besser als jedes andere Volk der Welt - den Wunsch des palästinensischen Volkes nach einem eigenen Heimatland verstehen. »Land für Frieden« - nur diese Maxime kann zu einem friedlichen Zusammenleben zwischen Israel und den Palästinensern führen. Es wird im Nahen Osten keinen Frieden geben, bevor es nicht ein Heimatland für die Palästinenser gibt. Und es wird keinen dauerhaften Frieden geben ohne Verhandlungen mit der PLO. Wir Christen sollten unsere israelischen Brüder und Schwestern in ihren mutigen Schritten zu einem Friedensvertrag unterstützen. Die Araber können lernen, mit den Juden zu leben. Das haben sie jedenfalls gesagt. Sie sind nicht antisemitisch. Ein arabischer Politiker hat ganz treffend zu mir gesagt:

»Nennen Sie Araber nicht antisemitisch.
Wir sind selbst semitische Völker.
Die Juden sind unsere Blutsverwandten durch Abraham.
Ihr Christen seid die Antisemiten.
Ihr seid es, die keine Juden als Nachbarn wollen.
Ihr seid es, die keine Juden als Geschäftspartner wollen.
Ihr seid es, die sie aus eurer Mitte vertreiben.
Ihr seid es, die versucht haben, sie alle umzubringen.
Und als ihr sie nicht alle töten konntet,
habt ihr unser Land gestohlen und ihnen gesagt,
wo sie zu leben hätten.
Und als wir uns gegen den Verlust unseres Heimatlandes wehrten,
da hattet ihr auch noch die Unverschämtheit,
uns als antisemitisch zu bezeichnen.«

Gegner der palästinensischen Sache behaupten, daß es nicht nötig sei, ein Heimatland für die Palästinenser zu gründen, weil sie kein klar umrissenes Volk mit einer eindeutigen nationalen Identität seien. Die Palästinenser seien im Grunde vertriebene Jordanier, die eigentlich von Jordanien aufgenommen werden müßten, sowie einige Nomaden, die überhaupt keine nationale Identität haben.

Solche Argumente übergehen die soziologischen Faktoren, durch die Nationen entstehen, und die Bedingungen, die einem Volk eine Identität verleihen. In der Vergangenheit entstanden Nationen durch Not. Erst in der Unterdrückung erkannten Menschen ihre gemeinsame Bestimmung, weil ihre Lebenschancen von einem verbindlichen Zusammenleben abhingen. Plötzlich erkennen streitbare Menschen, wie es Benjamin Franklin ausdrückte: »Entweder halten wir jetzt alle zusammen, oder jeder einzelne wird untergehen.« In einem solchen Augenblick entsteht ein kollektives Nationalbewußtsein. Heute erkennen wir, daß eine neue Nation geworden ist. Sie ist entstanden durch den Druck von Israel auf die Bewohner der West-Bank und des Gaza-Streifens. Die Vorurteile und das Leben als Bürger zweiter Klasse, die die Palästinenser seit dem Sechs-Tage-Krieg erdulden müssen, haben aus ihnen ein eigenes Volk gemacht, und jetzt wollen sie auch ihr eigenes Land.

Evangelikale haben die Gründung des Staates Israel unterstützt. Jetzt fordert es die Gerechtigkeit, daß wir auch ein Heimatland für die Palästinenser unterstützen. Christen dürfen den Palästinensern das Recht, einen Staat zu bilden, nicht absprechen.

Aber wir müssen auch an unsere arabischen Brüder und Schwestern appellieren, die historischen Tatsachen anzuerkennen, das heißt die Existenz des Staates Israel – und seine Grenzen – zu akzeptieren. Sie müssen anerkennen, daß Israel da ist und auch bleiben wird.

Und schließlich müssen wir sowohl den arabischen als auch den jüdischen Freunden zeigen: Nach unserem Bibelverständnis ist es keine Voraussetzung für die Wiederkunft Jesu, daß die Juden Jerusalem besetzen. Ebenso möglich ist, daß die Juden und Araber sich die Kontrolle der Heiligen Stadt teilen.

Bedenklich ist eine Bibelauslegung, nach der die Juden alleinige Besitzer Israels sein müssen als Voraussetzung für die Wiederkunft Christi. Eine solche Überzeugung würde alle Christen zu Narren abstempeln, die die Wiederkunft Christi für die Zeit vor 1948 erhofft haben (bevor der Staat Israel gegründet wurde). Außerdem würde die Überzeugung, daß der Tempel von Jerusalem wieder errichtet werden muß, bevor der Herr wiederkommen kann, Paulus' Ermahnung an die Thessalonicher ad absurdum führen (vgl. 1. Thessalonicher 4,13-5,6; dort rechnet Paulus fest mit der Wiederkunft Jesu noch zu Lebzeiten seiner Briefadressaten). Warum sollten sie auch vor den Ereignissen, die seit 1948 stattgefunden haben, auf die Wiederkunft des Herrn warten, wenn diese Ereignisse der Wiederkunft Christi vorausgehen müssen?

Jesus hat seinen Jüngern gesagt, daß ihre Generation nicht ausgestorben sein werde, bevor er wiederkomme (Matthäus 24,34-36). Es ist richtig, seitdem auf seine Wiederkunft zu warten. Es ist gar nicht nötig, daß Evangelikale einer ungerechten Politik im Nahen Osten das Wort reden unter der Annahme, daß das Land den Arabern weggenommen und den Juden gegeben werden muß, um die wesentlichen Voraussetzungen für die Wiederkunft Christi zu erfüllen.

Ich weiß, daß mein Standpunkt kontrovers diskutiert wird. Aber jahrhundertelang ist die Wiederherstellung des Staates Israel oder der Wiederaufbau des Tempels nicht als Bedingung für die Wiederkunft Christi betrachtet worden. Seit dem Pfingstereignis haben Christen immer in der unmittelbaren

Erwartung gelebt, daß Christus wiederkommen könnte. Damit lagen sie nicht falsch.

Meiner Meinung nach müssen Evangelikale *pro Israel* sein, aber ebenso *für Gerechtigkeit gegenüber den Arabern.* Christen, Moslems und Juden müssen einen Weg finden, damit wir alle in Liebe und Freundschaft zusammenleben können. Die biblische Gerechtigkeit erfordert, daß wir uns genauso für eine Heimat für die palästinensischen Flüchtlinge einsetzen, wie wir uns für den Staat Israel engagiert haben. Die Bibel sagt: Wer Israel segnet, wird gesegnet sein. Aber sie sagt auch, daß verflucht sein soll, wer keine Gerechtigkeit übt.

»Weh dem, der sein Haus mit Sünden baut und seine Gemächer mit Unrecht, der seinen Nächsten umsonst arbeiten läßt und gibt ihm seinen Lohn nicht und denkt: ›Wohlan, ich will mir ein großes Haus bauen und weite Gemächer‹ und läßt sich Fenster ausbrechen und mit Zedern täfeln und rot malen. Meinst du, du seiest König, weil du mit Zedern prangst? Hat mein Vater nicht auch gegessen und getrunken und hielt dennoch auf Recht und Gerechtigkeit, und es ging ihm gut? Er half dem Elenden und Armen zum Recht, und es ging ihm gut. Heißt dies nicht, mich recht erkennen? spricht der Herr« (Jeremia 22,13-16).

Ein Nachwort

Wenn alles gesagt ist, ist es erst einmal nur *gesagt* worden. Ich wollte aber mehr als Diskussionen und Streitgespräche anregen. Ich hoffe, daß mein Buch etwas am Lebensstil meiner Leser ändert. Die einzelnen Kapitel sind keine wissenschaftlichen Abhandlungen, sondern werfen eine Reihe wichtiger Fragen auf, auf die der Leser statt nur mit intellektueller Zustimmung mit Taten reagieren soll. Austausch ist sicher wichtig, aber wir müssen mehr tun, als über diese schwerwiegenden Themen zu reden.

Die Zeit ist reif für erhebliche Veränderungen in unserem Leben und in unserer Welt. Alleinstehende Menschen sollten ihrer Einsamkeit ein Ende machen, indem sie in Gemeinschaften leben. Eltern sollten bei der Erziehung ihrer Kinder wieder die traditionellen Werte bedenken. Ich bete darum, daß Christen sich von der Homophobie abwenden, die zur Verfolgung Homosexueller geführt hat, und ihre Liebe Menschen geben, denen es oft nicht gut geht. Wir müssen Möglichkeiten zur Versorgung und Betreuung alter Menschen finden, damit sie in Würde alt werden und sterben können. Wenn wir der Bergpredigt treu sein wollen, müssen wir ein radikales Leben wagen und Hochrüstung und den westlichen Lebensstil des Überflusses ablehnen. Bei allem soll die Bibel unser Maßstab sein.

Vom gleichen Autor:

Die bunten Schafe des Herrn

Was Sie schon immer über Charismatiker wissen wollten

144 Seiten, ABCteam-Paperback, Bestell-Nr. 111 074

Manchmal schmunzelnd, manchmal ernst erzählt Tony Campolo von Erfahrungen in der charismatischen Bewegung. Sie wird von vielen Christen argwöhnisch betrachtet. Nicht nur ihre Gottesdienste sind anders; sie benutzt auch Worte, die außerhalb dieser Gruppen nicht in gleicher Weise verwendet werden. »Ein Wort vom Herrn haben« - was meinen Charismatiker damit? Was tun sie, wenn sie »in Zungen beten« und »im Geist singen«?
Tony Campolo erklärt die wichtigsten Bezeichnungen und Lebensäußerungen von charismatischen Christen. Er gibt einige Faustregeln, mit denen man beurteilen kann, ob etwas vom Heiligen Geist gewirkt ist oder nicht. Dabei wirbt er nicht dafür, »charismatisch« zu werden. Aber er ermutigt dazu, sich Gott ganz auszuliefern und gegen das Wirken des Heiligen Geistes im eigenen Leben keine Barrieren aufzurichten.

ONCKEN VERLAG WUPPERTAL UND KASSEL